●はじめに

こんにちは！　りょう社長です。

あなたは、人を自由に操ってみたいと思ったことはありますか？

「そんな質問、答えにくいわ！」とツッコミが来そうですが、〝あの人がこんなふうに動いてくれたらいいのに・・・〟と思ったことがある人はたくさんいるでしょう。

僕もそうでした。

「○○さんが僕に振り向いてくれたらいいのに」
「上司がもっと自分に気をかけてくれたら嬉しいのに」
「周囲に自発的に考えて動いてほしい」

人を自分の意思で動かして、思うような結果を手にすることできたら、どんなに楽なんだろう。そう、思う日々がありました。そして、僕は出会ってしまったのです。人を思うままに簡単に動かせてしまう、とっておきの魔法に。

それこそが、**【文章の力】**でした。

大人の文章とは何か？

さて、クエスチョンです。本書のタイトルは、「人を動かす大人の文章術」ですが、なぜ、わざわざ「大人の」という枕詞をつけたと思いますか？

10秒考えてみてください。

・・・さあ、答えは出ましたか？

答えは、「大人の」という言葉の中に、ある重要なエッセンスが入っているからです。

それは、**【思考力】**です。

子どもの文章と大人の文章。その決定的な違いは「思考力」にあります。つまり、『目的と意味を考えて、文章作りをしているのか？』に尽きます。

子どもの文章は可愛いものです。無邪気に気持ちを文字として表現しています。

確かに、そういった部分も人を動かす文章術として大事です。しかし、それだけでは思慮分別ある大人はダメなんです。

「幼稚すぎる」「何をいっているのかわからない」「読む気が失せる」そんな感情を読み手に与えてしまっては、仕事もプライベートもマイナスな面に進んでしまいます。無邪気さを表現するにも、「戦略的な無邪気さ」が必要なんです。

あなたも普段、何気なく文章を書いていると思います。しかし、そこに「深い思考力」はあるでしょうか??

思考力のある文章には、「秘密の能力」が備わります。それこそが**【人を動かす力】**です。

人を動かす力。それは、文章こそが最強です。第1章でも話しますが、文章は人のイマジネーションをフルに活用できることのできる唯一無二の武器になります。

本書では、文法の使い方（主語、述語、修飾語の使い方）など、文章を綺麗に書くテクニックはほとんど書いていません。キザでカッコイイ文章表現の作り方もありません。

【人を文章で動かす】
【言葉の力で人の心を揺さぶる】

この点に集中して、マインドやテクニックを書いています。文章が飽和化して、言葉が溢れている時代。もう、お利口丁寧に文章を書く時代は終わりました。それでは、人は動かせません。

僕は、これまで銀行マン、新聞記者、雑誌ライター、コピーライター、セールスライター、ブックライター、ビジネス書編集者として過ごしてきました。文章の仕事に携わった12年の経歴があります。その経験から、あなたに「人を動かす大人の文章術」をお伝えします。人の日常に根付いた、各場面で使える文章術がたくさんあるので、飽きずに読んでもらえるはずです。

【文章の力＝言葉の力】を養えば、人生は思うように物事が進むでしょう。

そして、文章術と謳《うた》ってはいますが、文章は話す力、対人コミュニケーションにもつながる能力なので、直接的に文章とは関係ない領域の話もします。言葉は「言の葉」です。人の心をタネとして成長する命の木です。

文章（言葉）で人を動かせる人間こそが、これからの時代、結果を残す人間（成功者になる人間）になります。

文章力は、誰でも学ぶ意欲さえあれば、磨いて能力を光らせることができます。後天的な力なのです。そして、自分の夢や願望を実現に近づけることのできる強力な装置です。人と対面で話すことが苦手な人でも、文章なら気持ちを相手に届けられますよね。

さあ、今から一緒に「人を動かす大人の文章術」を学び、人生を飛躍的に変えてしまいましょう！

〈目次〉

第1章

今、なぜ文章力を鍛える必要があるのか？

●文章が書けると世界が変わる

すぐに「人を動かす文章のテクニック」を教えたいところですが、まずは、マインドの面を教えておきましょう。なぜ、いまあなたは文章力を磨かなければならないのか？

世界の生活様式は大きく変わりました。リモート業務も一般化して、数年前に比べて、文章で人と接する機会が増えたと思います。文章能力が高い人はいいかもしれませんが、文章に自信がない人は大変です。文章力自体が評価の対象になっちゃうのですから。

文章力がある人は物事を伝えるのが上手ですから、仕事のスピードも必然的に速くなります。相手にストレスを与えないので、コミュニケーションも円滑になります。

一方、文章下手は書くスピードも遅いですし、読み手にストレスを与えます。リアルコミュニケーションではバリバリ仕事ができていた人でも、文章でのやり取りになると営業で数字が一気に取れなくなることも少なくありません。あまりにひどいと、稚拙な人間と思われます。

文章はリアルの会話と違って、逃げ道がありません。ジェスチャー、雰囲気などを読み取ることができないので、文章の良し悪しが、成果に直結します。文章とは、鍛えれば人を動かす強力な武器になりますが、錆び付かせると、自分の評価を落としてしまうのです。

こうした背景もあって、僕も昨年（2023年）に「大人の文章講座」をはじめました。講座では仕事のパフォーマンスが向上する文章の書き方から、人を動かす文章テクニックを教えました。リモート時代になって、文章の必要性を強く感じた方も多く、僕の元に学びに来た方も多くいました。今でも受講希望者が多くいるので、２０２４年３月からまた講座を定期的にはじめます。あなたも文章力を本気で鍛えたいと思ったら、学びに来てください。

大人の文章講座（単発講座）

https://miraia.co.jp/page-5670/

大人のライティング力育成講座
（連続講座全４回）

https://r2t4t.hp.peraichi.com/?fbclid=IwAR1mgwVoWDku6j-xtAg1ojD2ThJJW1th7Fh28fGZSQXc5b9n2NFSjDEkk_c

●文章力は一生物のスキル

文章力は一度学べば、一生物のスキルになります。なぜか?それは、人は言葉と生活することから逃げられないからです。言葉のコミュニケーションは人間だけが与えられた特典であり、磨けば磨くほど光ります。

どんなコミュニケーションをするにも、迅速な意思疎通をするにも、言葉を使う人間。何年経っても、いくつになっても、このサイクルは続きます。だからこそ、本当は一番磨かなければいけないスキルなのです。

中には、「文章よりも会話テクニック（トーク力）を磨くべきだ！」という人もいます。それは否定しません。会話やトーク（プレゼン力含む）も立派なコミュニケーションですし、この先、言葉がなくなることもありませんから。

しかし、僕が強く勧めるのは、**「まずは文章力を鍛えよ」**ということ。

本書の最後に書いていますが（後で読んでね）、文章力を鍛えていくと、自然とトーク力も磨かれます。理由は後述しますが、これは事実です。僕も文章力を鍛える前は、本当に口下手でした。特に、学生時代と社会人一年目の銀行マン時代。

学生時代は、ゼミでプレゼンする機会が何度もあったのですが、テンパって何を言っているのかよくわからず、失敗もたくさんしました。言葉の力もありませんでした。銀行マン時代もそう。緊張すると頭が真っ白になり、お客さんにロクな商品の説明もできず契約が取れないダメ社員でした。

ところが、文章力を本気で学んでからは風向きが一気に変わります。今では、どんな場面でも、何人を相手にしても自然と言葉が出てきて、トークで人を魅了することもできるようになりました。

実は、文章力を鍛えると、（特に！「人を動かす文章力」を磨くと）人を動かすための言葉とロジックが頭の中に次々と浮かんできます。あとは場数をこなすだけです。条件反射のように言葉が浮かんでくるので、どんなに緊張する場面でもトークで人を魅力できます。

文章を学んでない人は、語彙力や人を動かすパワーワード（強い言葉）も知りません。それなのに、はじめからトークの方に走ってしまうと、技術はあっても根本的な言葉の力がないので、人を魅了できないのです。

「文章は一生物の宝」。その意味が、少しはわかっていただけましたか？

本書を最後まで読めば、あなたは人を動かす文章のスキルが手に入ります。

じっくり読んで、ひとつずつ実践してくださいね。

●文章力は年収に比例する

あなたは知っていますか？ **【文章力と年収は比例する】** ということを。文章力がある人には以下の特徴があります。

・豊富な語彙力を持っている
・人を魅了するコミュニケーション力がある
・簡潔に物事を伝える力に長けている
・状況把握が瞬時にできる

そして、なおかつ「人を文章で動かす力」もあります。つまり、文章力のある人間は、それだけで市場価値が明らかに高いのです。よく言われることですが、**文章は24時間３６５日働いてくれます。** この本だって、そう。僕の伝えたいことを永遠に伝え続けてくれます。嫌な顔せずに黙々と。

文章力のある人間は、24時間営業してくれる頼もしい相方を持っています。よって、他の人より「稼ぐ力」があるのです。実際、僕の周りでは文章を書ける人間ほど稼いでいます。僕は今、36歳ですが、33歳で1500万、34歳で2000万稼いでいる強者の後輩がいます。

「そんなのはりょう社長の周りだけじゃないの？」と思いますか？　冷静にジャッジしてください。文章力がある人間は、一度のやりとりで話の核心をついた文章を作ることができます。読解力もあるので、相手の言いたいことを瞬時に察することもできます。なので、一時間あたりの生産性がずば抜けて高いのです。リモート時代に入って文章を書く機会が増えたいま、この傾向はさらに顕著になるでしょう。

「文章なんてＡＩに任せればいいじゃん」という声も聞こえてきそうです。

最近では、チャットＧＰＴも出てきて、すぐさま希望の文章を作ってくれるそうですね。僕もやってみましたが、人間が作る文章とＡＩが作る文章では、明らかな差がありました。

ＡＩは、人の些細な心の動きを言葉に表現できません。これができるのは、人の感性だけです。「人を動かす」という領域については、かなり重要な要素になってきます。今より年収をアップさせたい。もっと稼ぐ力を身につけたい。そう思うならば、本書を何度も読んで文章力を向上させましょう。

●文章力は「個人ブランド」を養う最強の武器

あなたは会社員ですか？　だとしたら、名刺は手元にあるでしょうか？　普段、何気なく名刺交換をしていると思いますが、「名刺の力」を感じたことはありますか？

名刺というのは本当に便利なものです。有名な会社であればあるほど、会社名を見せただけで人は話を聞いてくれます。もちろん、僕にも経験はあります。銀行時代も名刺を見せれば、「ああ○○銀行の方ね。入ってください」と言われました。新聞社時代はもっと凄くて、名刺一枚見せるだけで、権力者にも会えるんですから驚きです。

でも、その時は、そんなに「名刺の力」を感じてはいませんでした。なんせ、それが当たり前だったから。名刺の凄さを感じたのは、新聞社を辞めたあと。わずかばかりの期間でしたが個人事業主としてフリーライターをやっていた時期です。

いつものように名刺を見せても、誰も何も言ってこない。仕事は来ない。「なんで？　元記者で書く能力はあるよ？」と自分では思っていても、相手に伝わらない。

そう、今まで僕の話を人が聞いてくれていた理由。それは、僕に信用があるんじゃなくて「会社の信用」で聞いてくれていたからなんですね。つまり、会社の看板にぶら下がって、一丁前に仕事をしていたわけです。（生意気にも契約が取れたり、いいネタを見つけたときは、自分の力だと思っていました）

自分にはまだ何も、「ブランド力＝信頼」がなかったことを、そのとき、はじめて理解したのです。そこから、自分の意識がガラリと変わりました。

会社に頼らなくてもお金を稼ぐにはどうするか？
仕事を得るにはどうするか？
信頼を得るにはどうするか？

そこで考え抜いたのが、記者時代に少しばかり磨いていた「文章の力」を徹底して伸ばすことでした。なぜ、文章力に走ったのか？

それは、文章力とは元手なしで磨くことができ、鍛えれば鍛えるほど強い武器になる、誰もが平等に与えられた稼ぐ力だからです。

人は文章を避けての生活はできません。日常に深く関わっています。文章を読まない日はないはずです。そして、人は文章を読んで、あらゆる意思決定をしています。

『文章力を磨けば、自分の思いや気持ちをもっとストレートに、色濃く伝えられる！』
『自分の信用力もあげられる』
『そして、人生を変えられる！』

そう確信したのです。

話は少しずれますが、あなたは、「お金持ちになる方法」を知っていますか？
昔は二つの方法がありました。
一つ目は経営者になること。
二つ目は投資家になること。
そして、令和の現代。新しく三つ目の方法が誕生したのです。

それは、**【人気者】**になること！

学力や頭の良さは大して必要ありません。東大卒でも、その学歴ブランドに頼りすぎるあまり、自分では何も稼ぐ力を持たない人もいます。（こう考えると、一昔前は学歴は資産でしたが、今は負債にもなりえます。個人の考え方次第ですけどね）

人気者になれば、短時間で億万長者のお金持ちになれます。そう、年齢を問わず。分かりやすく、体現しているのがユーチューバー（インフルエンサー）です。ライブ配信をしているユーチューバーはスーパーチャット（投げ銭）を視聴者から受け取ることができます。

気になって調べてみたのですが、昨年（2023年1月〜12月10日）で一番多い金額のスーパーチャットをもらったのは、ある人気Vチューバーでした。その額、7818万円！　驚きですね！（Vチューバーなので顔も年齢もわからないですが、きっと若い女性だと思います）

年収一千万円のサラリーマンが8年かかって得る収入を、わずか11ケ月で得ています。こうしたユーチューバーは、「表現力」という武器を身につけ、お金持ちに成りあがりました。「文章は関係ないじゃん！」という声が聞こえてきそうですが、本質は一緒です。

彼らは言葉を武器にして、視聴者を元気づけ、勇気づけ、楽しませてお金を稼いでいるのです。**人気者になるには、【言葉の力】が必要不可欠です。**Vチューバーの動画を気になっていくつか見てみましたが、凄い言葉のセンスをしていますよ？

天然なのか？戦略的なのか？それはさておき、人を動かし、お金を得るための言葉の力は人並み以上に持っています。

Vチューバーになるにも、人気プロダクションに所属となると、倍率が1000倍を超えると聞きます。面接官も言葉の力を持っている人材を選んでいるのでしょう。

今、あなたは【言葉の力】をどのぐらい持ってますか？

言葉の力は何歳からでも養えます。

むしろ、人生観を深めた年を重ねた人間の方が、味のある言葉を造ることができます。

それが、人を動かす原動力にもなります。

●99%の人が陥る文章の罠

なぜ、世の中には文章が書けない人が圧倒的に多いのか?その答えは、至ってシンプルです。最初から「完璧な文章」を求めすぎているからです。文章がうまく書けないと嘆く人にはいつかの共通点があります。それは以下です。

1：ロジックを求めすぎる
2：材料を揃えていないのに書く
3：誰からも認められる文章を求める

いいでしょうか?
「完璧な文章」を最初から書ける人間などいません。
僕は、文章の仕事をして12年経ちます。新聞記者、雑誌ライター、セールスコピーライター、ブックライター、ビジネス書編集者、ほぼ全てのジャンルを学んできました。

言葉の職人としては、プロ中のプロと自称しています。そんな僕でも、最初から読み手にスラスラと読んでもらえる原稿を書けるのか？　というと、決してそうではありません。

最初のプロット（思うままに筆をすすめた原稿）は、人様に読ませるレベルではありません。主語や述語、修飾語も間違っているし、客観性も薄く、ロジックもメチャメチャになっていることもあります。

しかし、最初はこれでいいのです。「（文章が）書けない、書けない」と嘆いて筆を止めることが、文章を書けなくしている一番の要因だということを忘れてはいけません。文法やロジックなどの整合性は後から修正していけばいいのです。

大事なのは、まずは「あなたの言いたいことを確実に書く」ことです。

あなたが今から書く文章が一つの料理とするならば、「言いたいこと」は材料です。材料だけを紙に書いて、後から、味付け（文章の調整）をして整えればいいのです。

完璧な文章はプロでもはじめから書くのは難しいのです。
不可能と言ってもいいでしょう。
何度も何度も推敲して、ようやく人様に読んでもらえる文章ができます。

「上手く書くにはどうすればいいんだ・・・」と、悩みすぎていませんか？
悩むのは時間の無駄です！
まずはひたすら書く！
これが文章力を養うにはベストな方法だと確信しています。
まずは、言いたいことを揃えて、それらを全部言えるように、書き進めてみましょう。

●文章は圧倒的な後天的才能

文章のプロとして、仕事をしているとよく言われることがあります。

「りょう社長は、もともと文章上手かったんでしょ？　私は元から（文章が）ダメだから、これ以上学んでも無駄だよ」

こんなとき、私はこう答えます。

「いえ、僕は学生のとき国語の成績２ですよ。笑」
「ちなみにセンター試験は40点です。笑」

そんな国語能力が低かった人間が、今ではこうして、言葉を生業にしている

のですから人生わからないものですよね。笑

ここで大事なのは、文章能力とは**【圧倒的な後天的な能力】**だということです。その気になれば、誰だって、何歳からでも文章力は鍛えることができます。なんなら、僕みたいにプロになれます。どんなに今、文章力がなくてもです。

「新聞記者は文章がうまい」と、人は勝手にレッテルを貼ってくれます。ありがたいですね。確かに、下手ではありません。しかし、正しくは違います。

正しくは、「新聞記者は文章がうまくなる」のです。

新聞記事というのは、型があって、何度も型に沿って書いていくことで自然と書き方が身についてきます。日々のトレーニング次第でうまくなっていくのです。

しかも、不思議なことに、文章力だけは年齢が上がるほどレベルアップしや

すい傾向になります！　なぜなら人生の幅が広がるから。

『大人になる＝さまざまな経験を積み重ねる』。人は年齢を重ねると、新しい言葉にたくさん出会うだけでなく、多くの経験からたくさんのフィーリングを受けます。その学びを文章に散りばめることで、より味のある、洗練された文章になります。結果、人を動かすのです！！

「この年から文章を学んでもダメだ」。

なんて諦めている人はいませんよね？ 笑

諦めていないから、今、あなたは本書を読んでいるはず！

大丈夫です。本書で教えている文章テクニックを定着させていけば、あなたの文章力は必ずレベルアップします！

頑張っていきましょう！

第2章

言葉（文章）が秘めた「無限の魔力」

●「いい文章」の正体

さあ、本格的にあなたの文章力を鍛えていきたいと思います。その前に、一つ頭の体操をしましょう。

「いい文章とは何か？」

30秒時間をとって考えてみてください。

本を一度閉じても構いません。

さて答えは出ましたか？
実はこの問い、プロの文章家でも答えがそれぞれ異なります。
僕の答えを発表しましょう！

Q：いい文章とは何か？
A：読者に貢献して、目的を果たせる文章

「読者に貢献？　なんのこと？」と思いましたか？
もっと言い方を変えてわかりやすくしましょう。
読者に貢献するとは、【読み手に気づきを与えること】をいいます。
つまり、「新しい発見」です。

そして、その新しい発見を元に、読者が行動してくれる。それが、僕が12年間文章を書き続けてきた経験からの「いい文章」です。読者が行動する。それは、書き手にとっては目的です。「読み手にこう動いてほしい」と思うから書き手は試行錯誤しながら筆を進ませます。

一番いい例えは、やっぱり「ラブレター」でしょう。誰だって一度は恋文を書いたことがありますよね？（ない人は妄想してね。笑）

ラブレターの目的はなんですか？
好きな人に振り向いてもらうこと。その一点です。

振り向いてもらうというアクション（行動）をしてもらうために、好きな人に自分の気持ちを知ってもらうよう、頑張ってラブレターを書きます。

ラブレターをもらった相手が、「この人、私のこんな部分まで見てくれていたのね」と新たな発見（気づき）をしてく

れる。そして、結果として付き合うことができたら、それはいい文章だったと言えます。

たとえ少し文法が間違っていたり稚拙さがあったりしてもです。逆に文法や言葉遣いが正しくても、相手が振り向いてくれなかったら、それは「いい文章」とは言えません。目的を果たせなかったのですから。最後まで読んでくれないのも悲しいですよね。

「いい文章」とは！

自然と相手が最後まで読んでくれる。
相手に気づきを与えられる。
なおかつ、相手を目的の行動に導く。

これが、僕なりの「いい文章」の定義です。

本書でも大事な革新部分になります。小手先のテクニックではなく、根本から文書力を成長させるための本質です。何か文章を書くときに悩んだら、この問いを思い出してください。

きっと、筆を運ぶ際の素敵ヒントになるはずです。必ず覚えてくださいね。

〈ポイント〉
良い文章とは？
読者に貢献して、目的を果たす文章
自然と相手が最後まで読む文章
相手に気づきを与える文章

●「面白い」の語源

あなたは「面白い」という言葉の語源を知っていますか? 面白いの語源は「面《おも》が白《しろ》い」から来ているとされます。（諸説は他にもあります）つい話を聞きたくなって、顔をパッと上げる。すると、光に照らされて顔が白くなることから、面白いという言葉が誕生したそうです。

「面白い文章を書かなきゃ！」と何時間もネタを調べて苦戦している人がいます。よく聞いてください！「面白い文章」とは、お笑い芸人のようにギャグで笑いを取ることではありません。つい顔をあげて読んでしまうような、読み手にとって気づきや発見のある文章のことを言います。つまり！読み手にとっての光となる話しが、本当の面白い話なのです。

「面白いことを書かなきゃ」と思うなら、読み手にとって、気づきや学びのある内容を書くようにしましょう。

これは、「いい文章とは何か？」の僕の定義にも沿っています。

「面白い」の意味を履き違えると大変です。自分は面白いと思って書いたつもりでも、相手にとって学びや気づきがなかったら、記憶にも残りません。スルーされて終わりです。読み手によって、何が気づきのある面白い内容なのか？それを見つけるにはコツがいります。

方法は4章で話していますので、活用してくださいね。

【コラム1】 面白い発想はどこから生まれる?

文章の切り口や発想を考えるのは一種のクリエイティブな作業です。創造力を発揮しますからね。では、どうやって斬新で面白い発想が生まれるのか?それは、脳を働かす「場所」こそが重要なことを知っていますか。

普段、部屋でパソコンを使って文章を書くことが多いと思います。その固定された場所で毎日書いていると、感覚が日常化してしまい、中々、クリエイティブな発想が生まれません。どこか旅に出たり、非日常の世界にいるときにこそ、新しい発想が降ってくることがありませんか?

言葉や文章も同じです。普段と違う行動をする。または、一時的に文章から離れた環境を作ることで、新しい発想が生まれます。

たとえば、シャワーを浴びているとき。ふと仕事で忘れていたことを思い出すことはありませんか?「あ、このアイデアいいかも!」なんて、急に閃くこともあるのでは？

　これは、頭が仕事モードからリラックスモードに変わっているからです。脳のモードが変わることによって、発想も変わります。新しいアイデアはリラックスモードの脳から生まれることが多々あります。お風呂に入っているとき。体を動かしているとき。好きな音楽を聴いているとき。お酒を飲んでいるとき。寝る前の時間。どれだけ忙しくても新しい発想が出てこないとき（上手い文章の切り口が思いつかないとき）は、一度、筆を止めましょう。そして、脳をリラックスモードに切り替えることをお薦めします。

　僕は、2年半「ヨガ」に通っています。健康促進や運動不足解消、ダイエットなども目的ですが、一番の狙いは、脳のリラックスモード化を作ることにあります。ヨガをやっていると、いつもの仕事場では閃かなかったことが、「ふっ」と閃くことがあります。

　そして、大事なのは、閃いたことをすぐにメモすることです。学者の一説によると、人は閃いたことをそのままにしておくと、大体5分程度で忘れます。

「あれ？ さっきいいアイデア浮かんだのに・・・なんだっけ？」と、悔しい思いをした経験がある人も多いでしょう。そのアイデアはひょっとしたら、何千万のお金を生んだかもしれないのに・・・もったいないですよね。

閃いたこと、気づいたことは、すぐにメモをする癖をつけましょう。おすすめはメモ帳に書くことです。スマホはダメです。バッテリー切れになったら使い物になりませんから。手書きでメモをする習慣ができると、嫌でも脳の中にあるワードを言語化する習慣もできます。これが文章を書く良いトレーニングになります。手を動かすことは脳の活性化にもつながりますからね！

アイデアは歩いてきません。自分から何かしらのアクションを起こすことで、突然やってくるもの。じっと画面と睨めっこしていても絶対にいいアイデアは降ってこないので、積極的なリフレッシュをしましょう。

●文章が持つ最大の武器とは？

「動画は文章の10倍の情報量を持つ」。

こんなことを聞いたことはないですか？

確かに、情報量という点では動画の方がはるかに優れているでしょう。

しかし、文章には、文章だけが持つ「最強の武器」があるのをご存知ですか？


それは、イマジネーションです。

言い換えると、**文章は読み手の世界最強を作る装置**なのです。

例えば、以下の文章があったとします。


【想像してください。世界で最高に綺麗な夜景を】

さあ、あなたの頭の中にはどんな夜景が写りましたか？

僕の中には大草原の中に星がキラキラと瞬く夜景が浮かびました。

しかし、あなたは違うかもしれません。百万ドルの夜景のようなネオンが綺麗な大都会の夜だったり、幼い頃自宅から見た懐かしい景色だったり。世界で最高に綺麗な夜景の答えは、ひとつじゃありません。人によって、違います。

これが、イマジネーションの力です。人は何かを想像するとき、自分の中での最高のシーンを想像します。もし、動画で百万ドルの夜景を見せられて、これが世界最高の夜景だと言われても、僕には響きません。（う〜ん、綺麗だけど、そこまでじゃないかな？となる）

余計なインプットがなかったからこそ、自分の中で最も綺麗と定義する「夜空にキラキラ瞬く星」が頭に浮かんだのです。今、僕はこの文章を書いていて、急に星が綺麗なところに行きたくなりました。そう、自分で文章を書いていて、自分の心も動かされています。

あなたはどうでしょう。
頭に浮かんだ夜景を見に行きたくなりましたか？

文章のプロ。特に、小説家、セールスライター、コピーライターと呼ばれる人は、この魔力を熟知しています。「文章×イマジネーション（想像力）」の力で、人を動かし、読者の求めるゴールへと誘導させるのです。
そう、文章は人を動かす最強の手段なのです。

もう一つ例を出しましょう。
あなたは小説が好きでしょうか？
小説好きはどっぷりと作品の世界にはまってしまいます。
それは、自身の頭の中で最高のキャストと情景を思い描いているからです。

ファンタジーを読んでいるのなら、頭の中では、これまで出会った最高に神秘的な世界を舞台にしているのでしょう。ラブストーリーを読んでいるのなら、主人公を自分に当てはめて、相手役に初恋の人をキャストにして想像していませんか？

そう！　これができる唯一の手段が「文章」です。

動画ではそうはいきません。

演出家の考えた役者が脚本通りに動きます。そこに感動はあっても、全ての視聴者の最高は絶対に作れません。あなた自身が脚本家になり、あなたの選定する世界と人でストーリーを進められる。これこそ、文章だけが持つ魔力（魅力）です。人のイマジネーションを活用すれば文章で人を操れるのです。

●フューチャーペイシングで未来を描け

あなたには「理想の未来」がありますか？

少し考えると、誰にだって理想の未来があるはずです。その理想の未来に近づきたいという欲求に訴求した文章術があります。それが、「フューチャーペイシング」という手法です。

セールスの世界では当たり前のように使われているのもので、人を動かすということにおいては強力な武器になります。

住宅のＣＭなんか分かりやすいですね。新居を立てて、そこでの家族団欒の幸せそうな姿を視聴者に見せる。温かい家庭の情景を見て、「自分も家族と新居で幸せな生活をしたいな・・・」と願い、新居を購入するわけです。

人は、商品やサービス自体を買っているわけでありません。

ダイエットした人が、なぜ、ダイエット食品やグッズを買うのでしょうか？「痩せた未来の自分」が欲しいから、買うのです。なぜ、女性は化粧品を買うのでしょうか？それは、「より美しくなった未来の自分」が欲しいからです。

企業も当然それを知っています。だからこそ、この商品やサービスを使うと、「未来のあなたはこんなに変化しますよ！」という主張を強気でしてくるわけです。

人は未来に夢を見ます。

歌手になりたい。俳優になりたい。小説家になりたい。最近の若い子ならユーチューバーになりたいもいいでしょう。たくさんの「なりたい」が人にはあるはずです。なりたい自分に少しでも近づいてもらうために、読み手の理想の未来を、文章で描いてあげることが大切です。より鮮明に描いてあげるほど、読み手はあなたの思い通りに動きます。

「このサプリメントはダイエットには本当におすすめなんです! 無理なく、少量のご飯で満足感も得られますので、絶対に痩せますよ!」

「このサプリメントは無理なくあなたの体重を落とします。三ケ月後には、あなたはこれまできれなかった細身の服も着れるようになって、洋服のおしゃれがもっとできるようになるでしょう。そして、これからは自信を持って夏は海にも行けます。女性もあなたを見る目が変わり、これまでとガラリと変わった人生が待っているでしょう」

男性の皆さん、前者と後者、どっちの方が響きますか?
圧倒的に後者ですよね。
フューチャーペイシングを使う際のポイントは以下の三つです。

1　具体的
2　メリットを提示
3　感情に訴求

まずは、具体的に未来を提示してあげられているかどうか。例文では、「細身の服を着れておしゃれできるようになる。夏には自信を持って海に行ける」と痩せた先の具体的な未来をイメージさせています。

そして、次にメリット。「ダイエットは辛いもの」というイメージを、無理なく体重を落とせます！　と利用者の利点を述べています。

最後に感情です。「女性もあなたを見る目が変わり、ガラリと人生が変わります」と書きました。ダイエットをする理由は人それぞれですが、男性ならきっと、女性にモテたいというのが最大の原動力なはずです（僕も、その一心で高校生のとき、12キロのダイエットを頑張ったので気持ちはわかります）。

人は自分の理想の未来のために行動する。お金を払う。これを覚えておけば、自ずと文章の書き方も変わるはずです。商品の細かい説明なんて後からでいいんです。まずは、読み手の理想の未来を見せてあげることが何より大事です。

何か人を誘うときもそうです。食事に誘うときは、美味しい料理だけをフックにしてはいけません。その場で起きるであろう、楽しい空間や未来の出来事を少しでも想像させるように誘うのです。

「今日のお店はジャズの生演奏もあって、雰囲気が最高だよ。ゆっくりと二人で話ができるね！」などというように。未来に夢と希望を与えることは、人を動かすには大事なエッセンスになります。

●説明を書くな！情景を描け！

就活生のＥＳ（エントリーシート）を読む機会が多々あります。大学生を相手に７年間就活講座をやっていて、指導した学生の数は百人を超えました。

彼らの文章でよく見るのが、「学生時代頑張ったこと（通称ガクチカ）」で、ツラツラと説明を書いている文章。

「私は大学時代、ダンスサークルでリーダーとして部員百人を引っ張って、結果、大会で優勝した」

「バイトではバイトリーダーを務めて、後輩の育成やお店の売り上げアップに貢献しました」

確かに凄いことです。たくさんの努力をしてきたんでしょう。しかし、この書き方では絶対にESは通りません。なぜだと思いますか？ それは、ある決定打が欠けているからです。

その決定打とは、**ドラマ（情景）**です。

就活が活発化する時期には、面接官は毎日、何百というESを読んでいます。事実だけを並べた文章は気づきや発見もないので面白くありません。本音を言えば、面接官はもう見飽きているんです。

大事なのは、文章にドラマ（情景）があるかないかです。「ドラマとは何か？」それは、人間のヒューマンストーリーです。昔、マスコミの専門学校に通っているとき、担当の先生から言われたことがありました。

『マスコミ人は、いつだって「ドラマ」を追求しなくてはいけない』

妙に心に残りました。今でも、僕の人生の気づきの中でトップクラスに入る言葉です。その言葉は、当時23歳の僕に足りていなかったものを気づかせてくれました。僕は現役時代、マスコミを25社受けて全落しましたが、この視点が欠けていたからです。文章にドラマがなかったんですね。だから、ほとんどがESで落とされていました。

学生時代の就職活動を例にして話しましたが、実は、この話は学生に限ったものではありません。文章に魅力がない人の９割は、ＥＳが通らない学生のように、説明をツラツラと書いてしまっています。そこにドラマがないから、読み手は文章に心を惹かれず、夢中になれないのです。

次の二つの文章を読み比べてください。
どちらがあなたの心に残りますか？

「学生時代、ダンスサークルでは百人を引っ張る部長でした。結果、最後の大会では優勝しました」

「学生時代、ダンスサークルでは百人を引っ張る部長でした。百人をまとめるのは想像以上に大変でした。人の個性の活かし方や個々の心のケアに悩むことも多々ありました。思わず葛藤から泣いてしまったこともありました。しかし、部長として、絶対に全国制覇するという夢を持っていたからこそ、最後まで頑張り抜けました。結果、優勝することができました。」

面接官が十人いたら全員後者を選ぶでしょう。

情景を表現する際の重要ポイントは三つあります。

1：結果でなく過程を描く
2：心の動きを書く
3：登場人物の言葉を大事にする

この三つのポイントを意識して書くだけで、あなたの文章は人の心を揺さぶる「ドラマある文章」に早変わりします。今、就職活動をしている学生さんも、今一度、文章を見直してみてください。

書いた文章は「説明」になっていませんか？

あなただけが書ける「ドラマ」を書いてください。

「おっ！　なんかこの学生は違うな？」と面接官に印象付けることができますよ。

【コラム2】 筆が止まったときには??

文章を書いていると、誰でもピタッと筆が止まることがあります。長い文章であればあるほど止まるものです。僕も、止まることもあります。しかし、止まったからといって書くことを放棄してはいけません。「筆が止まる＝思考が止まる」です。どうすれば、「筆が止まり続けない＝思考が停止し続けない」ようになるのか？　文章のプロがやっている実践的なテクニックをお伝えしましょう。

●小見出しをつけよ

「小見出し」って聞いたことありますか？　辞書で調べてみると、『章や節につける見出し。大きな題名の補足的につける見出し』とあります。確かに、その通りです。ここで、重要なのは「小見出しをつける意味」です。

小見出しの目的。それは、読者を迷子にさせないことですが、読者に限った話ではありません。書き手である筆者も、迷子にならないためのフラッグになります。

小見出しとは、「筆者の言いたいことのカケラ（パーツ）」です。書きたいことって、いざ文章に落とし込もうとすると、書いているうちに忘れてしまったり、主張がズレたりしてしまった経験はありませんか？

そこで、書き手が迷わないようにするために、言いたいことをメモする役割として小見出しを作るのです。僕は本を書くとき、必ず、大見出し（章のタイトル）の後に、たくさんの小見出しを作ります。「この章では、これを絶対に言うぞ！」という小見出しを箇条書きで全部書き出します。そして、その小見出しに沿って文章を書いていくのです。小見出しは書いていると増えること、減ることもあります。文章の構成次第というところもありますので。

いきなり大文章を書きはじめてはいけません。小見出しをたくさん作って、小文章を作ることから始めましょう。「何を書けばいいんだっけ?」と、迷うことがなくなります。区切りもつけやすいので、筆休めもしやすいメリットもあります。それに、短い文章なので文章疲れやストレスも減少するでしょう。(長い文章を書こうと思うと気疲れしますからね)ぜひ、あなたも小見出しをつける癖をつけてみましょう。

●ブレインダンプ

「あー!! 言葉が全く出ない!」伝えたいことはあるけど、どうも上手い言葉が出ないことってないですか?文章を書き続ける限り、どんなプロでもあります。

そんなとき、あなたを救ってくれる画期的な方法があります。それは、「ブレインダンプ」と呼ばれる手法です。プロも実践している言葉の製造法です。その名の通り、「頭(BREIN)の中をダンプ(DUNP)する」から由来しています。

そう、頭の中の情報を全て吐き出すのです！

実践方法はとっても簡単。紙とペンを用意して、頭の中の情報を全て書き出すだけ。たとえば、「夢」というテーマで実践するとしましょう。夢に関して、今、頭の中で思っていることはなんでしょう？全て書き出してみましょう。

僕の中ではこんな感じ。

「処女作を10万部越えのベストセラーにする」
「年商５億の社長になる」
「YouTubeで１００万人の登録者をめざす」
「いずれ歌手になる」
「憧れのスターと共演する」
「世界を股にかけてビジネスをする」

「夢」が難しかったら、「好きな人の魅力的な点」をあげてみましょう。

「笑顔がかわいい」
「気が利く」
「優しい」
「目が素敵」
「髪が綺麗」

など、どんどん思いついたことを書いていきます。
注意点として、一つの単語を書き出すのに時間をかけすぎないでください。10秒以内に一つの単語を書くようにしましょう。だんだんと書くことがなくなってきて、最後は「愛」「笑」「然」など、自分でもなんで書いたかわからない言葉が出てきます（連想ゲームで、思いつくものがなくなって適当に書いたような）。

しかし、ペンを止めないというのが大事なんです。

10分間のブレインダンプをしてみてください。時間制限（10秒）を設けると、60個のワード（一分間で6個）が出てくるはずです。好きな人の魅力を60個あげられたらすごいですよね。きっと愛がより深まります。

紙に書いた場合、客観的に書き終わったワードを見ると、今までは思いつかなかった言葉がそこにあることも。また、言葉と言葉を組み合わせることで、斬新でクリエイティブな言葉が誕生することも。言葉と言葉を掛け合わせて、新しい言葉を作るのは本の編集者もよくやる手法です。

今話題の、「推し活」なんてのもそう。「推す」と「活動」を組み合わせることで、今までにない造語が生まれます。それが、流行するんですから面白いものです。言葉に詰まったときは、ぜひ、ブレインダンプを実践してみてください。

●語彙力を鍛えるには？

「私ボキャ貧なんだよね」と嘆く人がいます（語彙力が貧困することをボキャ貧といいます）。あなたはどうでしょうか？

語彙力があれば知的なイメージを読み手に与えることもできます。幼稚な文章も脱出できますから、鍛えない手はありません。問題は、どうやって効率よく鍛えるかです。

昔は紙の辞書を引く習慣があったので、目的の言葉にたどり着く前に、気になる言葉に寄り道することができました。結果、人の語彙力は養われてきました。しかし、今や電子辞書やネットで、気になる言葉をダイレクトに調べられるようになりました。言葉の寄り道がなくなってことで、人の語彙力が低下しているというのもあるでしょう。

語彙力を鍛えるには、「本を読む」以外の道はないと確信しています。とにかくたくさんの本を読んで、言葉の種類と使い方を覚える。これに尽きます。おすすめはビジネス書よりも「小説」です。

ビジネス書は、中学生でも読めるレベルで書いています。なぜなら、簡単で読みやすい方が売れる傾向にあるから。しかし、小説は違います。著者による言葉の巧みな表現やテクニカルな語彙力の宝庫です。

語彙力を鍛えたければ、小説を週に一冊でも読むようにしましょう。語彙力だけでなく、言葉の表現力も身につくはずです。

【コラム3】 優秀な新聞記者の条件とは?

余談ですが、新聞記者時代に印象に残った話をさせてください。できる記者(優秀な記者)の三つの条件というのがあります。

一つ目は文章が上手い記者。

二つ目はネタを見つけるのが上手い記者。

では、最後の三つ目はなんだと思いますか?

それは、「書くのが速い記者」です。新聞というのは、他のマスコミ(雑誌、書籍)に比べても、締め切りにシビアです。毎日、原稿の締め切りに追われています。それも、一時間単位で。全国版、地方版、それぞれ締切の時間は多少異なりますが、22時以降には輪転機(印刷機)を回すため、遅くても21時までに原稿を書いて、デスク(記事のGOサインを出すリーダー)に提出しなければいけません。そこで、貴重になるのが「原稿を速く書ける記者」です。

社会では、いつ何が起きるかわかりません。締め切りギリギリの21時に只事でないことが起きても、記者はすぐに取材に行って、22時までに原稿を仕上げなくてはいけません。翌朝の朝刊に載せるために、一時間で取材して記事を書く。新人記者ならテンパって､慌てふためくでしょう(僕も最初はそうでした)。でも、書くのが速い記者なら緊急案件のとき重宝します。だって、残り一時間のリミットでも、記事を書いてくれるのだから。他社にすっぱ抜かれる（独占スクープされる）危険性もないし、紙面に穴も開けません。

書くのが速い能力は、記者だけが有利に働くわけでありません。一般のサラリーマンもそうです。一時間あたりいくらのお金を生み出せるか。この生産性は、文章を書く速さにも左右されます。一人のお客さんに対して、５分でメールが終わるのと、10分で終わるのでは、２倍の時間が違います。営業メールに特化して考えるならば、書くのが速い人は、倍のお金を得るチャンスを得ているということです。

書くのが速い人は、あらゆる面でビジネスをリードできます。

第3章

伝えたいことを一瞬で人に伝える！「魔法の文章テクニック」

●なぜ、あなたの文章は伝わらないのか？

自分の文章を誰かに見せたとき、「何を言っているのかわからない」「結局、言いたいことは何？」と言われたことはないでしょうか？

辛いですよね。僕にも経験はもちろんあります。

何度もダメ出しされ続けると、文章を書くのが怖くなってしまいます。

もしかしたら、今後も誰かに言われることがあるかもしれません。

けれども、少し立ち止まって考えてみましょう。

「なぜ、自分の文章が伝わらないのか」を。

自分の文章が意図した通りに伝わらない最大の原因。

それは、書いた文章が「自分主観」になっているからです。

「これぐらいは相手も理解できるだろう」「察してくれるだろう」「知っているだろう」。こんな気持ちで文章を書いたことはありませんか？　仲がいい人ほど、ありがちです。


この感覚に慣れると危険です。いざ目上の人やお客様に文章を提出するとき、読み手の頭に「？？？（疑問）」を生んでしまいます。

なぜなら、相手の知識と見聞のレベルを無視して文章を書いているからです。

たとえば、僕があなたにこんな文章をチャットで送ったとしましょう。


「隣の部屋にあるゲラを持ってきて」

ん？　ゲラって何？　と思いますよね。ゲラとは、出版業界の専門用語です。

本になる前の段階での原稿で、赤字（修正）を入れるための印刷物のことです。知識がない人にとっては、何のこっちゃと思ってしまいます。

極端な事例でしたが、こうした言葉の使い方が、日常ではよく起きています。書き手しかわからない専門用語を使ったり、物事の経緯を話す際に大事なことを端折ったり・・・。

これでは、いざ何かを伝えようと思っても、文章で相手をゴールに導くことができません。商談や営業なら大変ですよね。物が売れないんですから。プレゼン資料もそう。自分のアイデアが通らないのだから出世に響きます。

では、どうしたら自分主観を卒業して、相手の立場になって文章を書けるようになるのでしょうか？それには次の「2つのSTEP」を踏んでみましょう。

STEP ❶

【読み手を分類する】

文章の読み手は以下の四つに分類できます。

1：顔見知り（事前知識がある相手）
2：顔見知り（事前知識がない相手）
3：知らない人（事前知識がある相手）
4：知らない人（事前知識がない相手）

1の場合、読み手はあなたを知っているし、事前知識があるので文章を書くハードルは低いでしょう。2の場合は、いくら顔見知りでも事前知識がないのですから、専門用語や物事の経緯を省いていないか？ を見直す必要がありま す。3と4の場合、不特定多数の読者を想定したケースが当てはまります。専門誌などを通じて発信するのだったら専門用語を使ってもいいのですが、4のように顔も知らない事前知識もない人を読者に想定する場合には注意が必要です。


「相手は自分を知らない」

「相手は事前知識が全くない」


ど素人に物事を説明するぐらいの感覚で、細かに情報を入れて文章作りをする必要があります。

専門的な言葉を使っていないか？

自分だけが知っている情報を伝えていないか？

物事の背景は伝えているか？

めんどくさがって経緯を省略していないか？

じっくりと考えながら文章作りをしていきましょう。

STEP 2

【誰か一人に向かって書く（読者の選定）】

伝わる文章を書くときに、有効な手段があります。それは、誰か一人、具体的な読者を想定することです。つまり、「この文章は○○さんに向けて書いている文章だ」というつもりで書くのです。

例えば、フェイスブックなどSNSの投稿。SNSでは、多くの友人に向けてのメッセージという面もありますが、誰か一人に向けて書くようにすると、文章にブレがなくなります。これはセールスレターを描く際にも役立つでしょう。僕はいつも商品やサービスを営業するメールを書くときは、具体的な誰かをイメージします。文章のテクニックを教えるメルマガなら、「今日は、硬い文章ばかり書いていて、柔らかい文章を書くのが苦手な友人杉田に書こう！」という感じに。

もちろん、本書も「ある人物」をイメージして書いています。それは！私の部下である未来生活研究所の可愛い新入社員の女性二人！まだ、22歳の二人。「彼女らは今、文章についてこんなことに悩んでいるだろう」と推測したり、実際に文章の悩みを（彼女らに）ヒアリングしたりして、その悩みを解決してあげるべく本書を書いています。

ここで大事なのは、彼女らのような文章の悩みを抱えている人は、世の中にごまんといるということ。だから、一人に書いたつもりでも、結果、多くの人にとって役立つ内容になっているのです。だって、学校の授業で「人を動かす文章術」なんて習いませんから。

大衆に向けてメッセージを書くと、どうしても文章の軸がぶれます。たった一人の読者を選定しましょう。なるべく顔がイメージできる人を想像しながら、書くのがポイントです。気合が入ります。大丈夫です。あなたが思い浮かべた人と同じ悩みを持っている人はたくさんいるのですから。

●文章の一行目にこだわれ

あなたは文章の出発点の重要性を考えたことはありますか？

つまり！「文章の一行目」です！

ここで質問です。「文章の一行目の役割とはなんでしょうか？」答えを聞くと、拍子抜けするかもしれません。しかし、大事な質問ですので、じっくり考えてみましょう。


分かりましたか？

一行目の役割、それは、二行目を読ませることです。

「当たり前じゃん！」と思いましたか？

そう、当たり前と言えば当たり前です。

しかし、ほとんどの人がこの当たり前ができていません。

「一行目の役割は、二行目を読ませること」。これは僕が独自に考えたわけではありません。ライターの世界では有名な話で、とあるアメリカの敏腕セールスライターが唱えていました。そして、マスコミ塾に通っていたときやセールスコピーライター時代も何度も言われました。

では、もっと質問をしましょう。

「文章の二行目の役割はなんでしょうか?」

もう、分かりますね? そう! 文章の三行目を読ませることです。そして、三行目の役割は四行目を読ませること。それが永遠と最後まで続き、それぞれの行が役割を果たすことで、最後まで読まれる文章が完成します。

だからこそ! 一行目はめちゃめちゃ大事なのです!!

よく考えてみましょう。「文章の一行目」って、誰もが目にする箇所ではないですか? メールも一行目は開かなくても読めたりしますよね。LINEも既読をつけなくても一行目は目視できます。Facebookの投稿も最初の一行目は誰でも開かずに読めます。つまり！一行目は誰もが無条件で、書いた文章を読んでくれるゴールデンゾーンなのです。

ここをうまく活用しない手はありません。
では、どうしたらインパクトのある一行目を作れるのか？
それには、以下の5つの方法がありますので活用してください。
僕もよく使うフレーズです。

❶会話（セリフ）からはじめる

「ねえ、今日の晩御飯はお寿司にしようよ！」

❷描写からはじめる

目を開くと、一面に桜の鮮やかな（ピンクの）グラデーションが広がった。

❸名言からはじめる

「完璧な文章などといったものは存在しない。完璧な絶望が存在しないようにね」

引用：村上春樹『風の歌を聴け』

❹問いかけからはじめる

なぜ、成功者は「文章術」を学ぶのか？

❺自分の気持ちの吐露からはじめる

「正直もう、心と体の限界であった」

例文を見ればわかるように、どれも心に引っかかる一文ですよね。この引っ掛かりを生むのが大事なんです。人は謎解き感覚で、先の物語（ストーリー）を読み進めます。小説などはその際たる物です。

一行目に大きなインパクトを残し、二行目にバトンを繋ぎます。そして、気づけば、読者は最後まであっという間に文章を読んでしまうのです。

「こんにちは。いつもお世話になっています。」確かに、ビジネスメールではこういった枕詞も最初に必要なのは重々分かりますが、もったいないですよね。ビジネス以外では、あなたも一行目に最大の工夫を凝らしてみてください。

他にも、一行目を「【　】」で括《くく》るというのもおすすめです。視覚的にも目立つので嫌でも目に入ります。

●文章はリズムで決まる

人に最後まで読まれて、なおかつ伝えたいことが伝わる文章。文章家歴12年の僕は「リズム」こそが、その大きな決め手になると確信しています。

文章のリズムとは、「音」のことです。

「文章に音なんてあるの？」と思うかもしれません。しっかりあるんです。

人は、文章を読む際に心の声を出して読んでいることに気づいていますか？実際には声に出していなくても、**心の声で人は文章を読んでいるんです**。

あなたも、今、本書を心の声で読んでいます。心の声で文章を読んだとき、「なぜかスラスラ読める。息継ぎが楽」となれば、人は文章を最後まで読みます。

音というのは非常に大切です。あなたもリズムがいい音楽を聴くと、自然と体が動くことがあるでしょう。もし、仮にリズムが良くないと、読み手は途中で息継ぎに苦しんで読むのが辛くなってしまいます。そうなると、その文章は役割を果たすことはできません。では、どうやったら文章のリズムを整えることができるのでしょうか？

簡単な方法があります。

それは、**自分が書いた文章を実際に声に出して読むことです**。つまり、**音読**です。すると気づくでしょう。リズムが良くない文章の共通点があることに。

リズムが良くない文章の要因の一つは、「一文が長い」ことです。世の中にたくさんある、文章術の本にも必ずと言っていいほど書いています。「一文はできるだけ短くしなさい」と。その理由は、文章のリズムを整えるためです。

文章の一文が長いと、呼吸が乱れます。呼吸が乱れると、リラックスして文章を読めません。句読点（、）もそうです。句読点の役割は読み手の息継ぎをサポートすることにあります。

句読点を打つ最適な位置というのは、大きく分けると以下になります。

1：文の切れ目（小休止）に打つ
彼は本気で文章術を学んでいたので、後に優秀な人材になった。

2：接続詞（逆接の助詞）の後に打つ
彼は普段はヘラヘラしているが、仕事になると目つきが変わる。

3：感嘆詞の後に打つ
ねえ、明日飲みに行かない？

4：並列した語句を並べるときに打つ
彼も、彼女も、私も、驚かずにはいられなかった。

5：修飾関係を明確にするために打つ
（はじめて仕事で出張をしたので、緊張してしまった。）
（はじめて、仕事で出張をしたので緊張してしまった。）
前者は「はじめて」が「仕事で出張」にかかる
後者は「はじめて」が「緊張」にかかる

ただし、あまり文法的なことに意識を集中しないでください。修飾する言葉を明確にする意味も句読点の大事な役割ですが、リズムを整えるために句読点を打つと認識すれば、読みやすい文章が必ず書けるはずです。

リズムを見返すときは、必ず心の声で読み返しましょう。本気の文章のときは、実際に音読しましょう。あなたの文章の音色が変わり、読み手は聞き入って（読み入って）しまいますよ。

●文章は熟成させよう

あなたはワインは好きですか？　僕も大好きで、知り合いの業者様から個別に注文します。もし「文章とワインは同じだよ」と言ったら、あなたはどう思いますか？　笑

酔っ払いもそこそこにしろという声も聞こえてきそうですが、本気です。

実は、文章は熟成させることで、より深い味わいを醸し出すものなのです。ワインと一緒なんです。一体何が同じなのか？？

実際に試してもらうとよくわかります。文章を書いている自分と文章を書き終わった後の自分。それは全くの別人格になることに気づいていますか？

文章を書いているときは全神経を集中させて、書きたいことを思うままに書

いています。そこには熱量がありますし、気持ちも乗っています。では、書き終わって一日経ってから、その文章を見直してください。

きっと、あなたは思うはずです。「あれ、昨日の自分、なんでこんなこと書いてるんだ？」と。こんな感情を経験したことがある人もいますよね。

なぜ、こんなことが起きるのか？

それは、昨日の自分と今の自分が別人格だからです。頑張って文章を書いているときは、客観性が著しく低下します。先にも書きましたが「自分主観」になっているのです。

しかし、一度書き終わった文章というのは、「読者目線」で見ることができます。冷静かつ客観的に文章を見れるので、視点がまるっきり違うのです。

僕も、本気度の高い文章は読者に届ける一日前に書きます。そして、次の日に別人格で読み返します。すると、言い方に間違いがあることや自分主観になっていることに気づきます。

大事なのはここから。

「文章を熟成させよ」というのも、巷の文章本でよくあります。しかし、そこには熟成の方法までは書いていないことがほとんどです。ワインでも熟成に適した温度や湿度ってありますよね。それと同じで、文章にも適切な熟成法があるんです！

おすすめの熟成法は、**夜寝る前（1～2時間前）に文章を書いて、翌日の朝（起きてから1～2時間以内）に文章を見直す方法**です。夜寝る前というのは、自分と素直に向き合える時間でもあります。そこは本音が出やすいので、感情が乗った文章を作ることができます。

寝起きの1～2時間後は、脳のゴールデンタイムです。頭が冴えていて客観的に物事（文章）を見るのに適しています。ですから、文章の校正にはもってこいの時間なのです。

夜に書いて、夜に見直す。（24時間空ける）熟成には間違いないですが、また感情が乗りすぎたり、頭が疲れているのであまりお勧めはしません。クリエティブな作業も午前中の方が洗練されます。

「情熱と冷静」。それを、時間という武器を使ってうまく使いこなしてください。

あなたの文章はより人を動かすものになるはずです。

●幼稚な文章を卒業せよ

「あなたの文章、ちょっと幼稚ね」と言われた経験はありませんか？

その最大の原因は、形容詞を多用している点にあります。

形容詞とは「おいしい、きれい、面白い、多い」など、いわゆる語尾に「い」がつく言葉です。


この形容詞。普段の会話コミュニケーションではとても便利です。「きれい！」「おいしい！」なんとなくですが、雰囲気が伝わりますからね。最近では、全て「やばい！」の一言で済ませてしまう方も多くいますよね。笑

しかし、文章に落とし込んだ場合、形容詞を多用すると稚拙に思われてしまいます。なぜなら、相手はあなた（書き手）と同じ経験をしてないのに、「お

いしい！」と言われても「何がどうおいしいの？」と思ってしまうから。文章に深い共感もできないし、深い理解もできません。よくあるのがこんな文章。

「今日はおいしいフレンチの店に行ってきたよ。お店も超きれいだったし、最高だった！　店員さんも面白い人がいて楽しかったから、今度紹介するね」

さて、一体いくつ形容詞が入っているでしょう？　笑

言いたいことはわかります。おいしいフレンチを食べてきて、雰囲気も良くて、店員さんもユニークだった。だから、大満足したんですよね。

でも、読み手の立場から考えてみましょう。その店に行って同じ体験をしていないので、一体どのぐらいおいしくて、どうお店が綺麗で、どんなユーモアをもった店員さんなのか？　さっぱりわかりません。形容詞を使うこと。それは、感動を端的に表現するには最高に楽なのですが、説明にはＮＧなんです。

「形容詞の多用はＮＧ」については、どの文章本を読んでも大体書いています。

「本書でわざわざ書かなくてもいいかな？」と思いましたが、あまりに多くの人が形容詞の罠に陥っているので、簡単に形容詞をなくすことができる魔法を教えましょう。文章に稚拙さはなくなり、臨場感を持って、人を動かせます。

それは、「何が？どんなふうに？」という視点を持つこと。

先ほどの例文で見てみましょう。

× 「今日はおいしいフレンチの店に行ってきたよ。お店も超きれいだったし、最高だった！　店員さんも面白い人がいて楽しかったから、今度紹介するね」

○ 「今日はフィレステーキが絶品と有名なフレンチの店に行ってきたよ！　お店はまるで豪華ホテルのエントランスのような雰囲気で、最高だった！　店員さんはワインの銘柄に詳しくてお肉に合う最高のものをすすめてくれるよ。今度紹介させてね！」

ね？　だいぶ変わったでしょ？
形容詞は、その便利さに誰もが多用しがちです。でも、人を動かすにはあまりに脆い剣です。説得力がないですし、情景が伝わりません。旅のガイドブックなどが手元にあれば見てみてください。形容詞はほとんど使ってないはずです。彼ら編集は「旅は情景を表現できてこそ」と知っているので、形容詞は絶対に多用しません。セールスの世界でもそうです。

書いた文章を人様に見せる前に、形容詞を多用していないか確認してみてください。稚拙な人間だと思われたら、あなたのチャンスが少なくなります。今すぐ形容詞の多用はやめましょう。

〈補足〉　記事を作成する際、語尾を連続して使用すると稚拙に見えます。（「です」「ます」など）。同じ言葉を繰り返すのも幼稚です。文章のリズムに変化がないため、退屈な文章になってしまいます。できるだけ同じ語尾や言葉が続かないように工夫しましょう。

例）

×それは、きっとあなたの役に立つと**思います**。
また、同時にパートナーの方にも有意義な情報だと**思います**。

○それは、きっとあなたの役に立つと**思います**。
また、同時にパートナーの方にも有意義な情報の**はずです**。

●文章もルックスが9割

人は、見た目が9割だと言います。「そんなことない！ 人は中身だ」と思うかもしれませんが、見た目は大事です。最初の印象（ファーストインプレッション）はその人の印象を、半年間も持続させると言われます。

この間、プロの先生による「おしゃれ講座」を受けてきました。「おしゃれは誰のためにするのか？それは、一緒にいる相手を不快にさせないため」という言葉に感銘を受けました。不潔感ある人の隣にいるのは恥ずかしくて嫌ですよね？人とご縁を繋ぎたいのなら、「まずは見た目にこだわれ」ということ。

そこで、ふと思ったのが「文章も同じ」ということ。

文章にもオシャレがあります。つまり、文章の見た目をよくしないと、人は「読む」という入り口にも入らないということです。

LINEでも高齢者にありがちなのですが、、改行や行空白もなしに文章をずらーと書いている人がいます。パッと見ただけで目が疲れますよね。笑

これから読もうという気持ちが一瞬で薄れます。

ここで言いたいことは、文章の中身を推敲するのは大事ですが、文章の見た目にもこだわれということです。では、文章の見た目をよくするにはどうするのか？

三つの手法があります。

1：小まめに改行せよ（空白の美を活かせ）
2：漢字とひらがなのバランスを整えよ
3：カギカッコ（【】）などを利用せよ

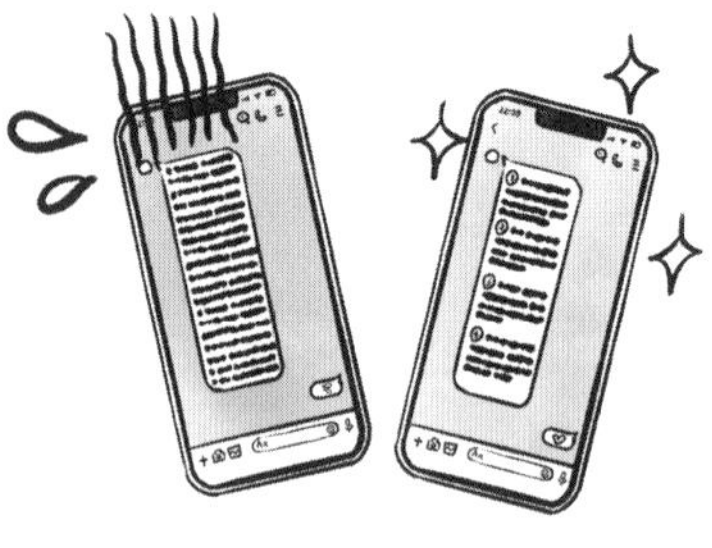

〈こまめに改行せよ〉

文章が所狭しに並んでいると、人は無意識に読む気を失います。

本書も、改行や余白が多いと感じませんか？

レイアウトに余裕を持たせ、読者の購読意欲を促進するためです。

人は文章を「まとまり」で見ています。一つのまとまりで3～5行を意識するといいでしょう。空白行も多めに使いましょう。


本の編集者をしているので実感するのですが、最近は空白（余白）が多い本が売れています。パラパラとページをめくったときに「文字だらけ」だと、「あ。なんか疲れそう、難しそう」というイメージを植え付けます。そうなると、人はその本を買いません。

余白の美を活かして、読み手に心の負担をかけないことが大切です。

〈漢字とひらがなのバランス〉

漢字とひらがな、適当に使っていませんか？
漢字とひらがなには明確な役割があります。

【漢字】　文章を固くする　厳格にする（ただし、頭に入りにくい）
【ひらがな】　文章を柔らかくする　親しみを出す

割合的には、漢字3割、ひらがな7割がちょうどいい具合です。もし、漢字とひらがなのどっちを使えばいいか分からない言葉に出会ったときは、共同通信社が出している「記者ハンドブック」がおすすめ。実はこれ、新聞記者なら誰でも持っているもの。「ひらがなにしたほうがいい漢字」が丁寧に載っています。僕も、これで記者時代は読みやすい文章を書くためのトレーニングをしました。

〈カギカッコを使いこなせ〉

「」『』【】、これらは強調したい言葉に使うだけではありません。視覚的に読者に読みやすさを与えます。簡単なことですが、これだけで文章のオシャレにつながるのです。

1：小まめに改行せよ（空白の美を活かせ）
2：漢字とひらがなのバランスを整えよ
3：カギカッコ（【】）などを利用せよ

以上の三つのポイントを押さえれば、あなたの文章は「オシャレ化」して、人様の注目を浴びるようになるでしょう。

ぜひ、実践してみてくださいね。

【コラム4】 編集者はどんな視点で本を読む??

もう一つ、今度は編集者の視点としての話をしましょう。ボキャブラリー(語彙力)を養うには本をたくさん読めと言いました。けど、忙しくて本を数多く読めないという人もいるでしょう。そんな人はどうすればいいのか?

ここで、編集者直伝の!「超素晴らしい本の読み方」を教えましょう。

僕は毎月平均20冊の本を読みます。もちろん本を読むこと自体が仕事ではありません。他の業務もある中で、月に20冊以上読んでいます。

「りょう社長はプロの文章家だから読むのが速いんでしょ!?」と思われるかもしれませんが、そんなことはありません。いたって、一般的な速度で読んでいると思います。では、どうやって月に20冊も読んでいるのか? 答えはとっても簡単。

本、丸ごと一冊を全て読んではいないからです。

本の「はじめに」と「目次」を読んで、自分が気になったところだけ読んでいます。「それでいいの?」と思いましたか。そう、いいんです。

本というのは**一冊で2～3つ新しい学びや気づきを得られたら合格です**。人は一冊全てを読んだつもりでも、必ず中身を忘れます。「目次」を見て、「あ！これ気になる」と思った見出しというのは、不思議なことに、あなたが潜在意識レベルで求めているエッセンスが入っているものです。

その箇所を重点的に読み、学び、実践する。このサイクルが重要となります。このやり方なら、一冊読むのもたいして時間がかからないですよね？新しい言葉や表現にもたくさん出会えますし、学びも複利式に増えていきます。

仕入れこそが人生を変えます。あなたも本を読む際には、ぜひ、この方法を試してみてください。忘れるぐらいなら、無理して時間をかけて、一冊丸ごと読む必要はないのです。

第4章

人の心を動かす「禁断の文章テクニック」

さあ、ここまで読んでくれたあなたは既に、人を動かす文章術の基礎は身についたはず。ここからはもう一歩進んだ、人を動かす文章のテクニック（言葉の使い方）をお伝えしましょう。

先に言っておきますが、ここからは文章だけに通じるものではありません。「人の心を掴む。動かす」という点においては、会話でのコミュニケーションでも活用できます。

これからお伝えする内容は、僕がセールスレターやコピーライターの仕事をしているとき、何度も先輩に教え込まれたテクニック（人を動かす考え方）です。人の本質はいつだってそうそう変わりません。だからこそ、いつの時代にも活躍する強力な武器になります。

文章家にとっては当たり前の概念も多いのですが、これから文章を本格的に学ぶ方にとっては新鮮で面白いものばかりです。

ぜひ、楽しく読んで活用してみてください、

●相手の承認欲求を満たせ

「相手から認められたい」。

誰でも、人から褒められたり、認められたりするのは嬉しいですよね。

人間には、承認欲求というのがあります。

SNSは最たるものかもしれません。「いいね！」をもらうと嬉しくなり、どんどん投稿を頑張りたくなります。逆に「いいね！」が少ないと、やる気をなくして落ち込むことも。だからこそ！　相手を認めるという行為は、相手のパッションに熱を与えてくれるのです。

文章においても、承認欲求をくすぐることで、相手を思うままに動かすことが可能です。ポイントはたった一つ。**「相手を認める文」**を入れること。わかりやすいように、例文をいくつか用意しました。

例1）
「先日は、転職の相談に乗ってくださりありがとうございます。
高山さんからの「辛くて悩むぐらいなら、行動しよう」という言葉に背中を押されました。
あの言葉があったから、勇気を出して会社を辞めて、転職を成功させることができました。高山さんのおかげで、自分を変えることができました！」

例2）
今日の西村さんのおすすめのお店、最高でした！
あんなにも柔らかくてジューシーなステーキは生まれてはじめて食べました！
感動しました！お肉は大好きなので、またご一緒できると嬉しいです。

例3）
「チャレンジした数だけ、人は強くなれる」杉田さんの発言を聞いて、私の中の何かが変わりました。今まで臆病で何もチャレンジしてこなかったけど、人生観が変わり、成長のために勇気を持って行動することを心がけています。

勘のいい方はピンときましたね。

そう、相手の認め方のコツは、

「あなたのおかげで変われました」

「あなたのおかげで初めての経験ができました」

「あなたのおかげで人生観が変わりました」

と、自分の良い変化が相手のおかげで起きたと言ってあげることです。

この効果は相手が年上であったり目上の人であるほど効果を発揮します。

「可愛いやつだな」と思われるのです。

もちろん、年下や後輩でも応用は可能です。

「お前、動画の編集スキルすごいな。全くやったことないから新鮮で勉強になったよ。お前に聞いてよかった。わかりやすかったよ」と言えば、後輩からは理解のある上司、人間力のある人と思われるでしょう。

日常で使う頻度も多く、年上を落とすには、これ以上ない文章テクといえましょう！　次につながるチャンスを生みます。

もし、目上の人や年上の人とご飯に行く機会があれば、ぜひ試してみてください。次のお誘いもきっとあるはずですよ。

●相手の悩みにフォーカスせよ

あなたも日々の生活で、広告を見ると思います。スマホを開けば広告がダイレクトで出てくる時代ですから、広告を見ない日はないと言ってもいいでしょう。では、一つ質問です。

「あなたはなぜ、その広告をクリックしてしまうのか？」

誰だって広告をクリックしてしまった経験はあるはず。なぜ、人は広告をクリックするのか？（広告と分かっているのに）それは、その広告があなたの胸の内に抱える悩みに訴求したからです。

人は、「あ、それ俺もだ（私もだ）」と認識したとき、広告をクリックします。

つまり、「自分ごと」に感じるときに広告を見てしまうんですね。

「きっと、そこには私の悩みを解決するヒントがあるのだろう」

そう期待してクリックするのです。

ちなみに、今、僕には以下のような広告がよく出ます。


「そろそろ、本気の婚活しませんか?」


きっと、僕の属性をＡＩが判断して広告を出しているのでしょう。(笑) 文章が苦手な人で、日々、文章の書き方を調べている人には、「もう恥ずかしい文章を書くのやめませんか?」などという広告も出ているでしょう。普段から文章で人にダメ出しをされている人がこの広告を見たら、「これでもう文章で罵倒されなくて済むかも」「悲しい思いをしなくて済むかも」と思うわけです。

そう、人を動かすには、読み手の悩みを訴求することがとても大事になります。

僕も、この手法はよく使います。

直接、「○○悩んでない？」と聞くのは失礼なので、たとえば、出版関係のセミナーの案内をするときは、

「自分の名刺に無力さを感じたときはありませんか？」

「自分の思いをもっと効率的に多くの人に広めたいと思いませんか？」

というメッセージを出します。

本を出したいと思っている人は、高い確率で自己ブランディングや情報発信の方法に悩んでいるので、このフレーズが響くのです。

人はどんな悩みを持っているのか？

それは、以下を参考にしてください。

人の悩みは以下の四つに分類されると言っていいのでしょう。

1：経済（生活の質、豊かさ）
2：健康（心と体、メンタル）
3：将来（野望、自己実現、承認欲求）
4：人間関係（職場関係、友人関係、恋人関係）

このいずれかの悩みを、99％の人は抱えています。マーケティングやセールスの世界では当たり前に認識されていることです。

「俺、悩みないよ」と言う人がたまにいますが、悩みは誰にだってあります。悩みとは、頭を抱え込むことではありません。

一種の「困りごと」です。

お腹が空くのだって生命を維持するための困りごと。

それを解決するために、食事という解決方法をとるのです。

「毎日インスタントばかりで、不健康な食事してる。」というのも悩み（困りごと）です。そういった人には自然食品という言葉や「毎日インスタントばかりで体に不安を感じているあなたへ」というフレーズが響きます。

ね、あなたにも絶対にあるでしょ？

「でも、人の悩みなんてわからないよ！」という人もいると思いますので、人の悩みを十中八九当ててしまう裏技を二つ教えましょう。

（裏技その１）
年齢に着目

これは、僕がセールスコピーの修行をしていたときに教わったものです。

今でも大切にしている教えです。

「人は年齢によって悩みが違う。全世代に向けたメッセージはダメだよ」

こう先輩に言われたことがあります。

20代には20代の悩みが。30代には30代の悩みが。40代には40代の悩みがあるのだと。

「経済」一つ取ってみてもそう。

10代のお金の悩みは「お小遣いが少ない」。

20代は「遊ぶお金が少ない」。

30代は「結婚資金やマイホームの資金が足りない」。

40代は「教育費がかかる」。

50過ぎると「老後の資金」を考えます。

一言に経済の悩みと言っても、実態はまるで異なります。

人間関係も同じです。

20代は恋人探しぐらいでいいですが、30代になると周りがほとんど結婚していて、本気に結婚を考えます。遊びの恋は終わりです。

年齢によって人の悩みはまるで異なるのです。

（裏技その2）SNSに着目

もう一つは、ＳＮＳでの検索です。文章を送る相手と同じ世代の人のＳＮＳを観察してみましょう。同年代は、だいたい同じ悩みを抱えています。ＳＮＳは人の本音が隠れているので、そこから悩みを推測することができます。

特定の誰かにプレゼントを贈るときにも役立ちます。友人に誕生日プレゼントを贈る際には、その友人が最近どんな投稿をＳＮＳでしているか確認します。そして、「最近こんなことをしているのか。だったら、こんな悩み（困りごと）してないかな?」と考慮して、プレゼントを考えて贈るのです。「え!?これ欲しかったんだよね!」と喜びが倍増しますよ!

●結局、人は感情で動く

「人は感情で動く」ということを聞いたことはありませんか？

いくらロジックがしっかりしていようと、論理だけでは人は動きません。

理論は人を動かしたのちに働くものです。

人を最初に動かす原動力は、いつだって熱です。

たとえばＷＢＣで大活躍した大谷翔平選手（ご結婚、おめでとうございます！）。あの気迫に満ちた投球と打撃、振る舞いに感動して、「大谷みたいになりたい！」と思って野球を始めた子どもも多いでしょう。そこに理論ってありましたか？　全て感情ですよね。

文章も同じです。

人は感情で動くということを念頭に置いて書かないと、決して人を動かす文章は書けません。どれだけ丁寧で論理がしっかりしていても、書き手の内面が見えない文章には人を動かす力はありません。

内面を文章に乗せるには、まずあなたが心に素直にならなければなりません。

言葉は身の文と言います。

書き手の心や人柄、品格が映し出されます。

それは、あなたが素直になってこそです。

素直な自分をどうやって文章に映し出せるのか？

いい方法があります。

それは、自分の過去の経験を赤裸々に語ることです。

以下、僕の高校中退について語りましょう。

◇◇◇

僕は高校を中退したことがあります。それも、わずか三ヶ月で。最初に入った高校の雰囲気に馴染めず、ズル休みも何回もして入学から一ヶ月で不登校になりました。そのときの感情はいまだに覚えていて、誰からの連絡や励ましも煩わしく思ったものです。最終的には当時の担当教師と喧嘩になり、退学を決意。周りからは「逃げた」と思われたでしょう。

でも、本当にやめて正解でした。忍耐力がないとか、意志が弱いとか散々言われましたが、心を病んでまで嫌なことは無理して続けることはないと学んだからです。嫌なことを言われるがままにしていても、人は成長しません。

僕は高校を中退してから生まれ変わりました。努力する自分にも出会えたし、人に優しくもできるようになりました。人は嫌なことから逃げることは決してダメなことではない。むしろ、自分を成長させて、新しい自分に出会うための行為だと信じています。

◇◇◇

どうでしたか？

僕の高校中退のストーリーを簡単に文章にしました。

僕の素直な気持ちがところどころに入っていますよね。

もし、今の日常にどこか不満を持っている高校生が読んでいたら、今の高校を辞めて新しい自分に出会いたい！　と思ってくれたかもしれません。


あなたの過去の行動には、必ず、あなたの素直さが隠れています。

出すのを恐れずに、文章に書いてみましょう。

その素直な気持ちが、読者の感情を動かします。

●人の興味をくすぐれ

あなたには趣味がありますか？　音楽でもスポーツでも何でもいいです。きっと、一つや二つはあるはずです。そして人は、興味があるものには異常に反応してしまうという特性があります。

僕は親父の英才教育のおかげで（笑）、小学生のときから阪神タイガースのファンでした。２０２３年は生まれてはじめての日本一を体験したものですから、それは感慨深かったですね。（僕がタイガースファンだと知っている友人からもたくさんの祝福が届きました。ありがとう！笑）

日本一になってからは、タイガース関連の記事や番組を閲覧しまくりました。

その理由はとってもシンプル。

興味があったから。

そのときの僕は「阪神」「タイガース」という言葉が記事のタイトルに入っていようものなら、すぐに引っかかる単純なファンだったと思います。もし、これが他の球団が優勝していたら、どんな記事でも見ないでしょう。タイガースだったから見たのです。

もう、何が言いたいか分かりましたね？

そう、人を文章で動かすには、相手が興味があるものをフックにした文章運びを心がけましょうということです。

意中の相手を食事に誘いたいとき。ただ「美味しいご飯屋に行こう！」ではなくて、もし相手が最近イタリアンにハマっていたら、「美味しいパスタのお店があるんだけどどう？　シェフのこだわりが凄くて、人気なんだ。」と言い換えれば、食事に行ける確率もあがりますよね。（僕だったら、「阪神の選手が

愛用している店らしいよ」と言われたらどんな店でも行きたくなります）

相手にプレゼントするときもそう。

送る人の興味を把握しておくと強いです。

「君の好きなアイドルの○○が着用していたモデルの時計をプレゼントする

ね！」とメールで送ったら、普通に「時計をプレゼントするよ！」よりも数倍

喜ぶと思いませんか？

人の興味をくすぐることは、文章で人を動かすための基本です。

活用してみてください。

最近はＳＮＳなんかで相手の興味が簡単に探りやすくなっています。

文明の利器を活用しましょう。

●文章に人生観を宿せ！

「人は感情で動く」。最初に言った通りです。

そして、感情を揺さぶるには、文章を構成する要素を意識しなくてはなりません。

特に重要なエッセンスとなるのが、**「人生観」**です。

業務メールなどビジネスではあまり使わないかもしれませんが、何か自分の思いを伝えるシーンでは非常に重要な装置になります。

人生観の入っていない文章には魂が宿りません。書き手の人間性がさっぱり見えないので、薄っぺらい文章になってしまいます。

人生観とは、考え方や行動理念そのものです。

文法や表現が多少稚拙でも、「なぜかこの人の文章は心に残った」という経験はありませんか？　それは、人生観が乗っているからです。書き手が主張にいたった思いや背景、ストーリーが文章に書かれていれば、読み手の心を惹きつけることができます。


人生観を文章に乗せるにはテクニックがあります。

それは、自分自身に質問をすることです。

つまり、自問自答。


「私は、スポーツが好き」

それはなぜ？

「お寿司が世界で一番好きな食べ物だ」

それはなぜ？

「音楽を聴いているときが一番幸せだ」

それはなぜ？

その理由にこそ、あなたの人生感が宿ります。

僕は昔からKinKi Kids《キンキキッズ》の堂本剛さんのファンです。もう20年近くファンをしています。最近、結婚したのでファンとして嬉しい限りです！

ここで考えるべきは、「なぜ、堂本剛さんが好きなのか？」ということ。


それは、彼が表現者だからです。

音楽、芸能、美術など独自の世界観で表現活動をしています。

少し一般人とは変わった感性を持っているかもしれません。しかし、僕にはそういった、「個」をストレートに言葉や歌、作品にして表現する彼の魅力に惹かれました。

だからこそ、僕自身も一生表現者であり続けたい。そう心に決めています。

文章も表現の一つ。YouTubeも表現の一つ。

表現することで人は最高に輝ける。そこに信念を持って今も生きています。

なりより、個性や独自性の重要性というものを、僕自身も心の底で感じていたからこそ、それを最大限に体現していた彼が好きだったのでしょう。

何か落ち込んだときは彼の歌を聴いて、ハートに熱を戻すようにします。

好きなものを語るときは熱が入ります。

その熱も、人生観を文章に宿すには強いパワーになります。


「あなたは何が好きですか？」

「なぜ、好きなのですか？」


その理由の中に、あなたの人生感が眠っています。

人生観を文章に乗せて書くと、書き手の味と色がでます。唯一無二の文章ができるのです。

〈ワーク〉　あなたの人生観を見出そう

あなたの「好きなもの」を一つ挙げて「なぜ好きなのか？」を考えてみよう。そして、その好きなものがあなたの生き方にどんな影響を与えているのか？を書き出してみよう。そして、人に魅力が伝わるように書いてみよう。

●好き（人、モノ、コト）

●理由

●あなたの生き方にどんな影響を与えた？

●読み手に「好きなものの魅力」が伝わるように書いてみよう

●話しかけるように書け

次のテクニックは「話しかけるように書く」です。

あたかも読み手と会話している感覚で文章を書くのです。

実際に例を見せましょう。

「今日は、夏祭りに行きました。人が多かったけど、屋台でたくさん食べれてよかった。来年もまた来よう。」

まるで日記のような無機質な文章ですが、この文章を話しかけるように書くと次のようになります。

◇◇◇

「今日は夏祭りに行ってきたよ！　中々、前に進めないほど人が多かったけど、最高だったのは屋台の食べ物！
屋台独特の焼きそばの香ばしい匂いには負けちゃうよね。笑
来年も、絶対にあの味を味わいます〜」

◇◇◇

言っていることは同じでも、誰かに語りかけるように書くだけで、そこには熱と温かみが生まれます。

文章に勢いも出てきます。

読み手も情景をイメージできますよね。

読む意欲が湧きます。

簡単で誰にでもできる手法なので、やってみてくださいね。

●ライブ感を出そう！

Facebook などのＳＮＳで、次のような投稿を見ませんか？

◇◇◇

「今日は家族でキャンプに行きました。息子がテント張りに初挑戦して、とても苦労していました。見ているだけでヒヤヒヤした。カレーを作って、みんなで食べましたが、これまた絶品。家族のいい思い出ができました。また行きたいです。」

◇◇◇

キャンプが楽しかった。息子さんが頑張った。カレーが美味しかった。いい思い出になった。それはわかるのですが、何か味気ないというか、モノクロ感を感じる文章ではないですか？

その原因は、**「ライブ感」**がないことです。

文章にイキイキ感がないので、読み手の心がワクワクしないのです。

過去の出来事に、ライブ感をつけるにはどうしたらいいのか？

それには、過去形をやめて現在形に置き換えてみることです。

◇◇◇

「今日は家族でキャンプに行った。息子がテント張りに初挑戦する。見ているだけでヒヤヒヤだ。カレーを作ってみんなで食べるが、これまた絶品！家族のいい思い出だ。また行こう！」

◇◇◇

過去形の「だった」「した」「思った」などを、現在形の「する」「行った」「食べる」などに変えるだけで、印象がガラリと変わりましたよね。

過去から現在へ。

タイムスリップしたかのような魔法です。

人が動くには、文章に躍動感が必要です。

過去形の言葉に対して、人は客観的に見てしまう癖を持っています。

文章で注意を惹きつけたいなら、文章に躍動感を持たせましょう。

●クライマックスで止めろ！

「あなたの書いた文章を次も読みたい！」と、読者が思う瞬間っていつだと思いますか？

それは、文章のクライマックスで話が止められたときです。

映画の予告編やドラマのＣＭを想像してください。物語のクライマックスシーンをＣＭの最後に持ってきて、「え、この後どうなるの？」と視聴者に思わせる構成にしています。すると、人は続きが気になって、映画館に足を運んだり、ドラマを見たりするわけです。

物事が中途半端に終わると続きが気になってしまう。

これを「ツァイガルニク効果」と呼びます。

漫画でも物語をいいところで止めて次号に期待させますよね。仕事でも、途中で投げ出したものって、職場を離れても気になりませんか？

この手法は、文章にも応用が効きます。自分の文章を継続して読ませてファンを増やしたいなら、一度に書きすぎずに核心のところで止めておきましょう。

たとえば次のように。


「言葉で人を動かしたい。相手を思うがままに動かしたい。

それを実現する、たった一つの方法がある。

あまりにも絶大な効果すぎて、多用は危険だが、簡単に人を動かしてしまうやばいテクニックだ。その方法とは・・・。次回のブログで紹介しよう」


こんな具合にするとどうでしょう。

続きが気になって、あなたのブログを常に追ってしまうでしょう。

次号はクライマックスから始まるので、インパクトも絶大になります。

続きを絶対に読んでほしいときには、この手法をぜひ使ってみましょう。

●本音と建前を操れ

世の中には「本音と建前」があります。本音は違っていても、相手との関係を良くするために建前で物事を言う場面も多々あります。特に、相手の気持ちを慮《おもんぱか》る日本人は世界でも類を見ないぐらい「本音と建前」を使いこなしていると言っていいでしょう。

この「本音と建前」を深く理解すれば、人を動かす文章術として活用できます。

人は建前を言うとき、心にどこかストレスを感じているものです。

たとえば、たくさんの仕事を部下に振ってしまったとしましょう。部下は上司であるあなたには逆らえません。変に断ってしまうと後の関係性も良くないものになりますから。なので、

「はい、かしこまりました」

「今日中に終わるように努力します」

と言うでしょう。でも、もし部下のキャパがいっぱいだったり、押しつけられた仕事によって、プライベートの予定が変更になってしまったとしたら、どうでしょうか。


本音では「勘弁してよ」「正直、しんどい」と思っているはず。

まあ、仕事なので「頑張れ」と言えばそれまでですが、部下の建前を本気にしていると、不穏なシグナルに気づかずに部下が辞めてしまうことも。そうならないためにも文章術の出番です。

仕事が終わった後、部下から報告が来ました。

あなたならどう返事しますか？


「お疲れ様！　助かったよ！　また、よろしくね！」

よくある返事ですが、次のように返事をしたらどうでしょうか？

「お疲れ様！　助かったよ！　週末だし、友人との約束もあったかもしれない。早く帰りたいところだったと思うけど、快く引き受けてくれて助かったよ。いつもありがとう！」

同じく感謝の気持ちを述べるでも、全く受け取り方が違うはずです。

「私の気持ちをよくわかってくれている」と部下はきっと感じるでしょう。人の気持ちがわかる人という印象も持たれます。

次にあなたが部下に何かを指示した際にも、快く引き受けてくれるでしょう。まさに、言葉で部下の心を動かしたのです。

「本音と建前」。

世の中にはたくさんあります。

飲み会などで幹事をやってくれた人にお礼を言う際も、「今、仕事が忙しい時期だったよね。幹事も大変だったと思います。次は私を頼ってね。ありがとう。」と言ってあげましょう。本音では幹事は正直やりたくなかったのかもしれません。

人の建前をそのまま受けとってはいけません。
本音の気持ちを汲み取ってあげることが大切です。
人は、自分をよく理解してくれる人に心を開きます。
相手の本音を理解してあげられるようにしましょう。

●3回名前を書け

もし、あなたに今、気になっている人や好きな人がいるなら、これから話すテクニックは非常に有効です。知っていましたか？

人は自分の名前を呼ばれるほど、呼んだ相手のことを気になっていくことを。

これは、「ネームレター効果」と呼ばれます。

人はコミュニケーションの中で何度も名前を呼ばれると、「この人は自分に好意を持っていると無意識に認識して、気になり始める」というものです。

リアルの会話でも同じですが、文章ではより効力を発揮します。なぜなら文章は何度も読み返せるから。僕の場合、相手になんとしても自分の存在を認識してもらいたいとき、相手の名前を文章中に3回は書きます。

もう、しつこいと思われるぐらい書きます。笑好きな人にも、ビジネスとして付き合っていきたい人も同じです。すると、相手は好意まではいかなくとも、こちらに意識を持ってくれます。

人を動かす際には大事で、意識のベクトルを自分にもってもらうことで、次のアクションが容易に進みます。事実、一番難しいのは自分への興味づけです。そのハードルをクリアすれば、あとは加速的に親密度はアップします。

あなたに気になる人や仲良くなりたい人がいれば、試してみてください。

人の名前を３度言いましょう。

逆の応用も可能です。

会いたくない人、近づきたくない人とコミュニケーションを取らざるを得ない場合もあるでしょう。その際は、極力名前を言わないことです。

会話でも文章でも。相手は勝手にこちらを忘れてくれますから。笑

●あなたがいたから～あなたのおかげで～

照れ臭くて言いにくい言葉の一つ。

それが、「あなたがいたから」「あなたのおかげで」。


人はコミュニケーションにおいて、どんなときに嬉しさを感じるのか？

それは、特別扱いをされたときです。

女性の皆さんは共感してくれるのではないでしょうか？　男性から特別扱いされることはとても嬉しいですよね。これは、人を動かす文章テクにもなります。


「ここだけの話だけどさ・・・」

よくあるフレーズですが、聞く方としてはなんとなく嬉しいですよね。

人は限定の話に弱いのです。

あなたにだけに伝えたいと言う気持ちは、相手からの好意作りにつながります。


特に、文章で伝えてあげると効果はてきめんです。

文章は基本的に一対一のコミュニケーションのため、その人だけに言われている感がより増します。

二人の秘密な感じがあって嬉しいですよね。


僕も、よく「○○さんいたから、俺は今日本当に救われた。助かった！」「○○さんがいたおかげて今日の飲み会はもりあがった！　ありがとう！」と文章で言います。

これは、読んでくれた相手に嬉しさを倍増させて、次の機会につなげる役割もあります。

いつも人集めが上手い人っていませんか？ それはきっと一人一人にお礼メールを送る際に、前述したやりとりをしているのでしょう。ストレートに、「あなたの力が必要だ！ 助けてほしい！」と言うのも効果的です。

照れ臭いかもしれませんが、「あなたじゃないとダメ！」という気持ちを文面にいっぱい表現しましょう。

仮に予定があって力になってくれなくても、代替案を作ってくれたり、次の機会は高い確率で助けてくれます。

人は一度断ったら、次は、期待に応えてあげたいという気持ちが芽生えるもの。そこを上手くつくのが人を動かす極意の一つです。

●シズルを売れ！

この話は、ほとんどの文章に関する本に記載している内容です。

それは、「シズルを売れ」という話。


「シズル」って、聞いたことありますか？

アルファベットの綴りで sizzle と書きます。

マーケティングをやっている人間なら知っているかもしれません。ステーキの焼ける、「ジュージュー」という音を意味する言葉で、購買意欲を掻き立てる感覚をいいます。


ステーキハウスの看板を見ると、ステーキを焼いている写真を見ませんか？お肉からは湯気が立って、ジュージューと音まで聞こえてきそうです。この感覚こそがシズルです。焼いて皿に乗ったステーキよりも、なぜか美味しそうに見えますよね。食欲が湧きます。そして、記憶に残ります。

シズル感を演出する言葉には、五感を用いた擬音がよく用いられます。

●ジュージュー
●ザーザー
●ゴロゴロ
●ヒューヒュー
●ギャーギャー
●ピカピカ

シズル感のある言葉を使うだけで、その場の臨場感が生まれるのです。擬音でなくても、シズル感は出せます。以下のように。

×美味しそうなりんごがたくさん売られている
○真っ赤に熟れて、今にも蜜があふれ出そうなりんごが売られている

まるで、食べ物のジューシーさや匂いまでもが、味わっていないのに伝わってくるような「シズル感」。ほとんどの文章本で語られているのは、それほど人の心を掴むと言う意味では重要な要素だからです。

文章の最強の武器は何か？
前述したように人のイメージ力を活用できるところです。
人のイメージに限界はありません。その人にとっての最高の姿を、文章はテクニック次第で醸し出すことができます。そのイメージ力を促進させ、引き出すための強い装置がシズル感なのです。

街の広告を見てください。キャッチコピーなどは、ほとんどがシズル感を表現したものになっているはずです。

シズル感は人を動かし、金を生む。企業はもう知っています。
どれだけ時代が変わっても使われているのですから、疑いようのない強力さです。文章で人を動かしたいのなら、使わない手はないでしょう。

しかし、このシズル感。多用しすぎると、文章が長いほど不自然なものになりがちです。特に、ラインなどの短い文章のコミュニケーションにおいては、時に不自然になります。

さきほどの例文も、ラインだと
「美味しそうなリンゴがたくさん売ってるよ」
の方が自然ですよね。このテクニックは、何かを強く印象付けたり、セールスで物を売ったりするときの手法として使ってみましょう。

●機会損失を煽れ！

「機会損失」という言葉を知っていますか？

本来、手にできるチャンスがあったのに、それをミスミス失ってしまうことです。人は損をしたくない生き物です。損をしたくないから、常に情報をチェックして行動をすると言っても過言ではありません。

この性質を利用すれば、文章で人をコントロールすることも可能です。

人は損をしたくない生き物であることは、「プロスペクト理論」（人は損を避けて行動する傾向があること）でもはっきりしています。人は得を求めるより損を回避しようとするのです。

「あと５日で半額セール終了！　買い物忘れはないですか？」

「無料で手に入るのは今日まで！　今すぐチェック！」

「あと2日で無料情報公開を閉じます」

「ポイントの有効期限は今日まで。明日には全てのポイントは失われます」

などのキャッチフレーズを見たことがあるはずです。これは全部、人の損したくないという感情をくすぐっています。定型文のようにも見えますが、効果は絶大です。


「ねえ、三丁目の喫茶店、今日までショートケーキが無料なんだって！良かったら一緒にいかない？」

こういった誘いメールが来たら、普通に「お茶しない？」よりも響きますよね。今を逃したら、あなたは損しちゃうよ！と言うメッセージを文章に入れるだけで、相手から『YES』を引き出せる確率は断然高まるのです。

●ハンバーガー理論

部下に指導する際に、時にはキツイ言葉を言う場面もあるでしょう。言いすぎると部下は落ち込みますし、上司としても嫌われてしまいます。

言い方って難しいですよね。

今では口頭よりも文章で指導することも多いと思います。

こんなとき、おすすめの方法があります。

それは、

「褒め言葉　指導　褒め言葉」

の順で挟むことです。

僕はこれをハンバーガー理論と呼んでいます。

例えば、部下が取引先に提出する企画書で記載ミスをしたとしましょう。

そのとき、「なんで記載ミスをしたのか、その原因をしっかり考えて再発防止を心がけなさい」と言うと、部下はシュンとなっちゃいますよね。

けれども、次の言い方ならどうでしょう。

「今日はよく頑張って企画書を作ってくれた。けど、記載ミスをしたところは原因を把握して再発防止を心がけてくれ。いつも一生懸命やってるのは知ってるからな。ありがとう。」

【褒める言葉→指導→褒める言葉】の順で挟むと、棘がなくなりますよね。

相手もただ指導されているわけではないので、落ち込むことも少ないでしょう。

この方法は、部下の指導だけではなく、誰かに何かを断るときにも応用が効きます。

例えば、友人との飲み会の約束を断るとき。

「○○君の好きなお酒を先週の出張土産に買ってきたよ！　今度、プレゼントするね！　ただごめん！　来週、約束してた飲み会、仕事の関係でどうしてもいけなくなりそう。来週はどうかな？　ボーナスも出るのでぜひ奢らせて！」

断られたのに、なぜか嬉しい気持ちにもなりますよね。

何か後ろめたいことや言いにくいことを言うとき、相手なら、どんなプラス要素があれば納得するか？　を考えることが大切です。

●強い言葉のスパイス

言葉には「強さ」と「弱さ」があります。

強い言葉は人を瞬時に惹きつけ虜にします。

一方で弱い言葉は印象にこそ残りませんが、文章全体に安定感と落ち着きをもたらします。

具体的に言葉の「強さと弱さ」とは何でしょうか？

「強い言葉」＝記憶に残る言葉、印象的な言葉、ドキッとする言葉　強い説得力を持つ言葉、影響力が大きい言葉
「弱い言葉」＝記憶からすぐに抜け落ちる言葉、大衆的な言葉、安定感のある言葉

ここで重要になるのは「強い言葉」です。パワーワードといい、一瞬で読み手を自分の文章の世界に引き入れる魔力があります。

料理で言うと、スパイスのようなものです。強烈なスパイスは人の味覚を一気に変えてしまいます。ありきたりな料理にならないよう、パワーワードのスパイスを入れることで、文章は劇的な変化を遂げます。印象的だからこそ、記憶にも残ります。メッセージを強調して、読者に強い関心を与えるのです。

「強い言葉＝パワーワード」を作るには以下のポイントがあります。

1：常識と真逆のことを言う
2：名言風にする
3：思っていても普段口にしない言葉を言う
4：信念を端的に示す
5：数字を使う（極端であればあるほどいい）

①常識と真逆のことを言う

「女の子は努力しない方がうまくいく」

女子の皆さん、少しドキッとしませんか？　笑

未来生活研究所の社員で、僕も編集を手伝わせてもらったＡＳＡＫＯさん（女性起業家）が出版した本のタイトルです。

普通、努力した人は方がうまくいくって思います。

「でも、本当は女の子は努力しない方がうまくいくんです！」と言われたら、気になってその全貌を知りたくなりますよね？

見事なパワーワードです。印象に残りますし、人の心を動かします。

ＡＳＡＫＯさんは未来生活研究所から２０２３年12月にも出版していますね（僕が担当編集でした）。働く女性に向けて書いた一冊ですが、男性でも気づきの多い内容になっています。よかったらＱＲコードから詳細を見てくださいね！

「書けば叶う魔法の習慣」
著者／ＡＳＡＫＯ

https://www.amazon.co.jp/dp/4910037071

〈他の例〉

「痩せたいなら、肉を食え！」

「賢くなりたいなら、学校に行くな」

②名言風にする

代表的なのはやっぱりこれでしょう。

「あきらめたら、そこで試合終了ですよ」（スラムダンク）

30代以上はほぼ知っているこの名言（20代はどうかな？）。言っていることは「あきらめるな」という単純なことなんですが、「試合終了ですよ」と一言加えるだけで、一生忘れられないパワーワードになりました。

アニメや漫画には人の心を揺さぶる強い言葉がたくさんあります。

それは、漫画が持つ道徳心の表れでもあるでしょう。

漫画やアニメの言葉をそのままパクれとは言いません。しかし、自分の言葉に置き換えるうえで参考にすべきことが学べます。

③普段口にしない言葉を言え

居酒屋なんかでサラリーマンが「金がもっと欲しい、給与あがんないかな」と口をいうのを耳にします。経営者がこう言った愚痴を聞くと、こう思います。

「金が欲しい？　だったらサラリーマンやめなよ」

どこか棘のあるようなセリフですよね。愚痴を吐いたサラリーマンが聞いたら、口喧嘩になるかもしれません。けど、経営者は少なからず思っています。言い争いの元になるので絶対に言わないセリフでしょうが、文章にしてみると少しドキッとしますよね。セールスの世界だったら、メルマガのタイトルにも使えます。

人が普段思っていても、なかなか口に出せないことがあります。しかし、あえて文章にすると、それは人の心を動かすパワーワードに変わります。

〈他の例〉

「遊びじゃねんだよ、仕事は」

「いい加減気づいて？　子どもじゃないんだから」

④信念を端的に示す

「俺は『俺の道』を進むだけだ」

「誰が何と言おうと、これは俺の人生だ」

「人生で一番大切なのは『愛』だ」


どのフレーズも胸に響きますよね。

一番最初の「俺は『俺の道』を進むだけだ」を見てみましょう。もし、これが以下ならどうでしょう?

「俺は、『俺がこれだ』と思う道をひたすらに進むことこそが自分にとって大切だと思っています」

言っていることは同じです。でも、気迫と勢いが違いますよね。

ポイントは端的に一行で言い切ることです。

言い切るのは勇気が入ります。断言するわけですから、逃げ道がありません。「思います」という表現は、無意識に逃げの姿勢を見せています。

新人著者を担当しているので感じるのですが、「思います」の連呼をしている人がよくいます。初めての出版ですから怖さや自信のなさもあるのでしょう。

そこで、「あなたは著者です！人はあなたの言葉を信じて、行動に移します。あなたが弱気になってどうするんですか？」と僕は指摘します。すると、ハッと気づいたように、次に提出してくる原稿では、言葉に自信を持った書き方をしてきます。「○○だと確信している！」というように。

信念を端的にズバッと言い切ると、人の心は動きます。信頼も呼び寄せます。何か真剣に物事を伝えたいときは、弱腰になってはいけません。信念をストレートに言いましょう。人はあなたのまっすぐな信念に動かされるのですから。

⑤数字を使う

人は数字に反応するということがわかっています。
企業のキャッチコピーでも、数字が入っていることが多いですよね。
「たった一日で習得できる」
「30日で人生が激変する」
こんなコピーは何度も見ますよね？　笑
人は数字に弱いというのがわかっているから、コピーライターが多用しています。
しかし、数字を使うときの注意点もあります。
「顧客の約90％が満足と答えています」という言い方をしている人がいます。
間違いではないのですが、パワーワードとしては弱いのがわかりますか？
なぜ弱いのか？
それは具体的な数字ではないからです。

「92％の顧客が満足しています」ならどうでしょうか？

「約90％」から「92％」に変わっただけで信憑性が増しましたよね？

きちんと正確に測ったんだろうな。１００人中92人か。コピーを見た人は、勝手に想像して、サービスや商品の質の高さを感じてくれます。

「このメッセージは30代後半のあなたへのメッセージです」

「このメッセージは36歳のあなたへのメッセージです」

30代の方、どっちが響きますか？僕も今年36歳。後者の方が圧倒的に響きます。自分ごとに強く思うからです。

曖昧な数字を使うのはやめましょう。

より具体的な数字を提示することで、人は動きはじめます。

第5章　あなたの「言葉の色」

●文章の色とは？

「文章には色がある」

あなたは信じますか？

でも、ここまで読んでくださった方なら、その意味を感じ取れるのではないでしょうか？


事実、文章からは人柄や性格が濃く滲み出ます。

それを、文章の色と呼んでいます。

僕はある程度、性格を知っている知人や友人なら、文章を読んだだけで誰が書いたモノなのか？　が分かります。


「なぜ、文章に人柄や性格が出てしまうのか？」

正確に言えば、隠しきれないからです。

「文は人なり」

18世紀のフランスの博物学者が残した言葉です。文章を書く仕事に携わる者なら誰もが知っている名言です。名言であると同時に、誰もが納得しているでしょう。

特に日常で使う文章ツール（ラインなど）では、人柄が濃く出ます。日常の些細なやりとりにロジックはないですから、その分、ダイレクトに感情が乗るのです。

単純な例で言うと、文の最後を「。」で終わる人と、「！」で終わる人。相手が目上の人や馴染みの人なら「。」を使う人も多いかも知れませんが、普段から顔馴染みの友人に「。」ばかり使う人は、冷静で落ち着いた人が多い印象です。

逆に「！」を多用する人は勢いがあって、人柄もパッションある人が多くいます。僕はこれまで一万人以上の文章を見てきました。その中での肌感覚ではありますが核心に近いと思います。

あとは、前向きな（ポジティブ）ワードが多い人と後ろ向き（ネガティブ）なワードが多い人。それぞれいます。言葉を細かく分解して見ていくと、本当に書き手の性格がわかってきます。


普段、人の文章を分析している人などいないと思いますが、心の中で、人は無意識に言葉からさまざまなことを感じ取っています。書き手が気合を入れて長文を書いたのに、相手から「了解」の一言だったら、どう思いますか？

「え？これだけ？」と、なんかモヤモヤしませんか？

プライベートならまだ良いですが、ビジネスなら大変です。

お客様が「悩み」を頑張って長文で書いたのに、短文一行で会社側が返したとしましょう。「この担当者なんなの？　買うのやめよ」となりかねません。

文法が間違っている、
言葉遣いが子供っぽい、
読みにくい・・・

些細なことから、知性や教養までもストレートで出てしまうのが文章の怖さでもあります。しかし、裏を言えば、人柄の魅力の部分を文章に乗せることができれば、たとえ初対面でも会う前から好印象を作ることができます。

僕は外部に仕事を発注する際、冷めた文面でやりとりする人には決して頼みません。明るく元気な人と仕事がしたいので、熱量のない文章を書く人には頼まないのです。文章から推測される人柄は、高い確率で当たります。

あなたはどんな人柄に思われたいですか？
この章では、あなたが、文章でよりチャンスを掴むようになるために、あなたの魅力を読み手に伝える方法をお伝えしましょう。

●自分の言葉とは？

自分の言葉を持て！
自分の言葉で語れ！

一度は聞いたことのあるセリフでは？　あなた自身が言われたこともあるでしょう。

ところで、「自分の言葉」って何でしょうか？
10秒考えてみてください。
よく聞く言葉ですが、言語化してアウトプットできる人はどれぐらいいるでしょうか？

自分の言葉。
その定義は人によって異なる部分もあります。
僕の見解として、自分の言葉とは「自分の経験から生まれた言葉」です。

自分の言葉と対をなすのが借り物の言葉ですが、そもそも完全なオリジナルな言葉など世の中にはほとんど存在しません。毎年、造語なども作られますが、既存の言葉を組み合わせているに過ぎません。

読み手が、「この人の文章薄っぺらいな～」と思うのは、自分の経験や感動が文章から発せられていないからです。誰かの体験をつらつら書いている。誰かの言った言葉だけを使っている。こんな文章を読んだとき、人は薄っぺらい文章だと感じます。

この経験がなかったら書くことはできなかっただろう。と思う、ストーリーから生まれた言葉を「自分の言葉」と言うのです。

僕は２０２３年11月〜12月でクラウドファンディングをやっていました。本書も、そのご支援があったからこそ出版が実現できています。本当に、本当に感謝しています！（総額４５４万１５００円・総支援数１９３）

今、僕が当時の体験を語るとこんな文章ができます。

◇◇◇

「はじめる前は『結果が出なかったらどうしよう（恥ずかしいよな）』と怖かったけど、今ではやって良かったと心の底から感じます。毎日、支援金額が数字として出るので、プレッシャーもありました。今までの自分の行いが数字で評価されているようで・・・

しかし、クラウドファンディング期間中は人とのご縁が最高に花開いた時期でもありました！

社会人になってから一番人と会い、自分を売り出しました。卒業以来会わなかった高校の友人からも連絡があって、支援してくれたり！『チャレンジって、人生を変える力があるんだな』としみじみ思います。

本音で語ると、人を動かすと言います。まさにその通りでした。お金は愛である。お金を回すことで人は豊かになる。誰かを幸せにする。そして、この愛の循環を決してやめてはいけない。貯金だけをしておくことがいかに愚かなのか？ということもクラウドファンディングをやってみての気づき！本気でやってよかった！この感謝は絶対に忘れません。自分に自信もつきました！」

◇◇◇

書いているうちに熱が出てきてしまいました。

長文になりましたが、いかがでしょうか？

言葉自体はどこにでもある言葉の連続です。でも、クラウドファンディングをやった人にしか分からない感情が入っているのを見てとれると思います。

これこそが、「自分の言葉」です。

自分の言葉があると、読み手の理解が深まります。共感や感動が生まれます。信頼も集まるでしょう。人を動かす文章が自然と完成するのです。

では、ポイントだけ少しおさらいしましょう。大事なのは、以下の２つです。

❶「心の本音を書き出す」

僕の先ほどの文章の肝は「怖かったけど、クラウドファンディングをやってよかった！」ということ。その中に眠る「心の本音」というのを追求すると自分の言葉が見えてきます。

〈怖かった〉
なぜ？　心の本音は？
↓支援が集まらなかったら恥ずかしいから
↓数字でしっかりと出るので誤魔化せないから
↓これまでの自分の行いが評価されそうだから

〈クラウドファンディングをやってよかった〉
なぜ？　心の本音は？
↓人とのご縁を強く感じたから
↓貯金の愚かさを知ったから
↓自信がついた！

　この作業をするだけで、あなたの心の中を探りながら、自分なりの表現をすることが可能になります。

❷これは私だからこそ感じた！という視点を持つ。

僕の場合、クラウドファンディングを今回はじめてやりました。そこで、強く感じたのは「ご支援してくださった方への深い感謝」です。

クラウドファンディングでお金を払うとは、商品やサービスを買ってお金を払うとは訳が違います。僕が支援する側だったら、相手の人柄や期待値、頑張りを評価して支援します。僕自身を信じて、支援してくれたはずです。だからこそ、絶対に裏切れないし、恩義を果たそうと強く思います。

感謝の気持ちが並大抵ではありません。これこそ体験者しかわからない感情です。これを文章として表現するのも立派な自分の言葉です。

あなたも、自分の言葉をもっと意識しましょう。あなたにしか語れないことがきっとあるはずです。

●守《しゅ》破《は》離《り》の法則

「守破離の法則」をご存知でしょうか？
守とは、先生からの教えを守ること。
破とは、教えの殻を破ること。
離とは、完全に独り立ちすること。

簡単に言えば、こんな感じです。文章であなた独自の色を出したいとき、この「守破離の法則」は絶対に厳守したほうがいいと言えます。

「え？　先生の教えを守ることが、なぜ、自分らしさに繋がるの？」と思うかもしれません。よく聞いてください。文章における自分らしさとは、先生の教えから派生するものだからです。

文章のプロと呼ばれる人には、必ず先生がいます。はじめからプロはいません。スポーツもそうですよね。コーチが必ずいます。そのコーチから教えを受けて成長するということは、コーチの考え方や癖が少なからず弟子に入るということ。

僕にも、人を動かす文章のコーチがいました。記者を辞めて、何も職を持たず都内に出てきたとき、バイトで雇ってもらった一つ年下の方でした。セールスの世界では文章で人を動かすプロで、本当にいろいろなことを教わりました。

その教えを、当時の僕は愚直に守りました。つまり、「守」です。すると何が起きるか？

守っていると、ある日突然「自分だったらこう書けるような？」と思うようになります。そして、その気づきを実践すると、「これは、もっとこうしたほうがいい」とアドバイスをもらえます。この気づきが実はとても大切で、教えを守っていないと、疑問も気づきも生まれてきません。

自由奔放に書くことは、自分らしさとは違います。身勝手です。何度も先生の教えを守って書き続け、そこから自分なりのアレンジを加えていく。それを何度も繰り返すことで、自分だけの色を持った文章が仕上がります。


自分の文章の色ってなんだろう？

強みってなんだろう？


そう思ったときは、まずは先生を見つけることです。

「あ、この人の文章って、すごく心に響くな」

「いつも発見があって、ためになるな」

そんな作家はいませんか？　本の著者でもいいです。何度もその人の文章を読みましょう。書き写してもいいですね。


マネから始めましょう。

マネをすることを嫌がる人もいますが、**マネはプロになる一番の近道です。**

マネをして書いていくと、文章の基礎ができ上がってきます。
そこにアレンジを加えて、「破」をしましょう。

「破」を何度も繰り返すと、いよいよ「離」に入ります。「離」に入ると、あなたはもう文章のプロです。先生から受けた教えの殻を破り、人生観も乗った「あなただけの型」ができているはずです。

マネについて余談ですが、文章のキャッチコピーやタイトルなどを考えて言葉が出ないときも、マネが一番早くて効率的です。商品やサービスのキャッチコピーってありますよね?あれは、文章のプロが何日も考えて練りに練って作り出した、最高の文章です。

それをマネしない手はありません。
プロの文章をマネしていくと、人を動かす文章作りの傾向がわかってきます。
ぜひ、参考にしてみてくださいね。

●プラスの言葉とマイナスの言葉

世の中には「プラスの言葉」と「マイナスの言葉」があります。
プラスの言葉とは、人を元気づけたり勇気づけたりする言葉です。
マイナスの言葉とは、人を不安に陥れたり、やる気を削ぐ言葉です。

人を動かす文章家になりたいなら、マイナスの言葉は今すぐ捨ててください。
なぜなら、言葉はブーメランであり、使う言葉によってあなたの人格が形成されるからです。

「脳は主語を選べない」ということを知っていますか？

たとえば、誰かを傷つける言葉を発したとしましょう。自分にではなく、誰かに喋った言葉でも、脳は他人事だと判断しません。

人を傷つけるようなマイナスの言葉を、自分ごとだと脳は判断します（つまり、自分を言葉で傷つけていると脳は判断する）。あなたは、マイナスの言葉によって自分を傷つけていきます。そうなると、どうなるのか？

「文は人なり」と言いました。

つまり、言い換えると「人は文なり」です。

人柄というのが自然と文章に乗ってきます。すると、マイナスの言葉を発する人の文章はどこかいつも暗くて、人を遠ざけていきます。人は光あるところに集まります。あなた自身がプラスの言葉を言い続けることで、文章にも光が宿るのです。

マイナスな言葉は極力使うのをやめましょう。前向きで明るいプラスの言葉を言い続けると、若返りますよ！　プラスの言葉を使い続ける人は見た目も心も若い傾向にあります。信じ難いかも知れませんが、本当です。プラスの言葉にはエネルギーがありますからね。僕も周りから、歳の割に肌も綺麗でイキイキとしていて若く見えると言われます。それは、プラスの言葉しか日常で使ってないから。

騙されたと思って実践してみてください。
10歳は若返りますよ

●嫌われる勇気を持とう

万人から愛されたい！

たくさんの人に評価してもらいたい！

人はついつい思いがちです。しかし、文章で人を動かしたいなら「嫌われる勇気」を持ちましょう。八方美人の文章では人は動かせません。


「お金を貯金することはバカのやることだ」

この文章を見たとき、あなたはどんな気持ちになりますか？


お金は回してナンボだ！　投資してナンボだ！　と思っている人にとっては心に響くフレーズでしょう。同じ考え方をしている人だと認識されて、ファンになる可能性も秘めています。

しかし、これまで地道に貯金を続けてきた人にとってはどうでしょう？これまでの行いをどこか否定されたようで（バカにされたようで）気持ちのいいものではありません。決してファンにはならないでしょう。

ここで大切なのは、一定の人に嫌われても、一定の人に好かれること。もし、さっきの一文が、「お金は貯金と支出のバランスを考えましょう」だったらどうですか？当たり障りのない文章になるため、印象にも残らないし、一定の共感も生みません。

物事には裏と表（反対と賛成）があります。嫌われる勇気を持って、主張を言い切りましょう。そうすることで、一定のファンはついてきます。保身のために間を取ることが一番ダメです。

●インプットの重要性

ここまで、たくさんの人を動かす文章のテクニックを教えてきました。

あなたにとって、一番ピンときたものはなんですか?


「全部使って、最高の文章を作りたい!」

「人を動かして自分の目標に近づきたい!」

「稼ぎたい!」


と意気込んでくれたら、教えた僕としてはめちゃめちゃ嬉しいです。

しかし! 文章はそんなに甘いものではありません!


数々の人を動かす文章テクニックを話しておいてなんですが、この全てを短時間でマスターできる人間はほとんどいないでしょう。

なぜなら、文章には実践が欠かせないからです。

実践して、読み手の反応を見て、改善を繰り返す。これが鉄則です。

インプットとアウトプットの法則って知ってますか？

「一つのインプットにつき、三回実践する」

そうすることでようやく自分の中で活用できる武器になるという教えがあります（コロンビア大学博士の実験）。

これは文章も同じです。

僕も今ではさまざまな文章テクニックを自然と使いこなしていますが、そこには12年の月日が経っています。その間、一日たりとも文章を書くことから逃げていません。だからこそ、使いこなせているのです。

特に文章を書くスピードには自信があります（元新聞記者というのもあるかもしれませんが）。この本も、10日間で書きました。

実践に落とし込まなければ絶対に学んだメソッドを忘れます。読んだ時間と労力が一気に無駄になりかねません。そこで、おすすめのインプット法と実践法があります。

あなたが気になったメソッドを三つ挙げてみてください。

そして、「いつ、どのタイミングで活用するか？」を具合的に書き込んでみましょう。

※後ろのページにワークシートを用意しました。

「この学びにピンときた！　何か強い気づきを感じた！」

そういった直感は何より大事です。磨かれた直感は論理よりも正確です。今、あなたが実践すべきメソッドなのでしょう。

そして、紙に書くというのも大切な作業です。

紙に書くということは、頭の中の言葉をアウトプットすること。

この作業をすることで、強制的に文章を書くことになります。頭の中に浮かんでいる抽象的な概念を言語化する作業こそ、文章作りの肝です。


ワークは10分ぐらい時間をとってやってみましょう。

そして、確実に実践できるように、計画書を作りましょう。

やり方のポイントはワークシートに書いていますので参考にしてください。

心を動かしたい相手（ターゲット）もしっかり定めて、

「どう動かしたいのか？」

「どんな結果を得たいのか？」

ここまで考えてくださいね！

●言葉は人を幸せにするもの

最後は、言葉の本来の持つ役割について話しましょう。


「言葉とは何か？」

その抽象的な問いに、あなたはどんな答えを見出しますか？

物事の伝達手段でしょうか？

それとも人を動かす装置でしょうか？

どちらも正解です。この問いに正解はありません。それぞれが、自分の持つ答えに花丸を贈ってあげてください。


そして、当然、僕にも答えがあります。

僕が考え得る、言葉の最大の役割。**それは、「人を幸せにするもの」です。**

人はなんのために生まれてきたのか？

少し哲学的な話なりますが、人を幸せにして、自分も幸せになるためだと、僕は思っています。

言葉は全ての動物の中でも、人間だけに与えられた武器です。多様なコミュニケーションを可能にするために文明が作った利器であり、その本質は人を幸せにするためだと信じています。

誰かに豊かになってほしい、誰かに素敵なものを共有したい。そんな思いから、人はコミュニケーションを取ります。誰も最初から争うためにコミュニケーションなんて取りません。

そのための、最大の武器が言葉です。

言霊《ことだま》というのがあります。

言葉は文字にすると（口で発すると）本当にそうなるということです。僕もそれを信じています。だからこそ、僕は絶対に人が傷つくような言葉や人の夢や希望を砕くようなことは口にしません。

言葉というのは、人力では計り知れないすさまじいエネルギーを持っています。一度聞いたら忘れられない言葉ってありますよね？一瞬、時が止まった感覚になるぐらい、何年経っても鮮明に残っている言葉があなたにも一つはあるはずです。

嬉しくて、その言葉を思い出すだけで、胸があったたくなることもあります。孤独や寂しさをかき消してくれます。しかし、その逆もあることを忘れてはいけません。一度口にして言葉で、人がずっと忘れられない傷を負うことだってあります。

人は、いつも幸せを求める生き物です。そして、言葉と共に生きています。

だからこそ、言葉はいつも人を幸せに導くためのものである。というのが、言葉を生業にしてきた僕の結論です。

今、この本を読んでいるあなたには、ぜひとも、僕の導いた言葉の意味を知って欲しくて、最後に書かせてもらいました。

【人を動かす大人の文章術】

それはいつだって、人を明るく元気に、そして、人を幸せにするための最高の技術なのです。

【ワーク】 学びをアウトプットしよう!

あなたが本書で得た文章術のうち、
気になったメソッドや実践したいものを三つ挙げてみましょう。

そして
「いつ」

「どのタイミングで」

「誰をターゲットに」

「どんな結果を得たいか?」

をじっくり考えてみましょう。

例）【気になった（実践したい）メソッド】
承認欲求を満たせ
〈タイミング〉
上司との飲みに行った際のお礼メールに！
〈いつ〉
今週の早帰りデー（水曜日）飲み会の後
〈ターゲット〉
担当の上司
〈どんな結果を得たい？〉
また誘ってもらいたい！

【気になった（実践したい）メソッド❶】

（　　　　　　　　　　　　　　　　　　　）

●どのタイミングで実践する？

●いつ実践する？

●誰をターゲットにする？

●どんな結果を得たい？

【気になった（実践したい）メソッド❷】

（

）

●どのタイミングで実践する？

●いつ実践する？

●誰をターゲットにする？

●どんな結果を得たい？

【気になった（実践したい）メソッド❸】

（

●どのタイミングで実践する？

●いつ実践する？

●誰をターゲットにする？

●どんな結果を得たい？

）

【コラム5】文章を鍛えればトーク力も磨かれる

ところで、文章力を磨くと、ある能力も同時に光ることを知っていますか？それは、話術です。（話す力、トーク術）

書く力と話す力は別物じゃないの？と思うかもしれません。しかし、この二つの力は表裏一体です。そして、**大事なのは、先に文章力を磨くことです。**この順番が大事なんです。話す力を先に磨いても各力は成長しませんが、書く力を先に磨くことで、話す力が飛躍的に伸びます。

なぜなら、文章力のある人は、人に物事を伝える際に、どうすれば相手を魅力する言葉やロジック、テクニックを会話に交えることができるか？　自然と頭の中でストーリーが組み立てられるからです。

話し方から鍛えようとすると、言葉の力が足りていないため、聴衆を魅力する力に乏しいのです。先ほど、パワーワードの話をしました。これは文章力が長けている人ほど、振り幅が大きく、豊富な種類の言葉を活用できるのは言うまでもないでしょう。

実際、文章術を身につける前は話が本当に下手でした。しかし、文章術を磨いてからはどうか？　トーク力はメキメキとのび、今ではアドリブでプレゼンもできるまでに。「昔はオドオドして人前では緊張していたし、何にも喋れなかったんですよ」と言うと、信じられないという顔をされます。

もちろん、場数を踏むことが前提条件ですが、文章術を磨いていなかったら言葉をコントロールできていなかったので、ここまで話す力は磨かれなかったでしょう。

もし、話す力が欲しければ、まずは書く力を身につけましょう。必ず、同時に話す力も磨かれるはずです。頑張りましょう。

●おわりに　～文章はあなたそのもの～

本書を最後まで読んでいただきありがとうございます！
楽しく、学びある気づきを得られましたか？
きっと、人を動かす文章の技術が身に付いたと思います。

今回ご紹介した人を動かす文章術は、僕が厳選した一部のものです。誰でも普段から使いやすく、効果が高いものを選びました。しかし、「もっと人の心を動かしたい」「文章の力で世界を変えたい」と思うなら、さらに一歩踏み込んだ、人を動かす文章術を学ぶ必要があります。

言葉は「生き物」です。時代と共に、変化を遂げていきます。よって、書き手である人も共に変化をしていく必要があるでしょう。多くの人を巻き込みながら、大きな夢を実現したいなら、「言葉の力＝文章の力」を鍛えることは何より大切です。

言葉と文章が洗練されると、あなた自身の人格も磨かれます。なぜなら、(何度も言うように)**【文章はあなたそのもの】**だからです。真剣に書いた文章には、魂が宿ります。魂が宿った文章には、世界を変える力があります。それほど、文章とは、夢の実現を加速させるための強力な装置なのです。

ところが、文章力を磨くというのは、実は、孤独な戦いです。人と一緒に書くわけでもありません。一人で淡々と頭を回転させながら文章を書きます。僕も12年間文章を書き続けていますが、孤独さを感じながら書いていた時も多々あります。あなたもこれから先、文章と生きていくならば、同じような孤独さと辛さを感じることがあるでしょう。

そんなときは、一緒に文章術を学びながら、夢の実現を目指す仲間の存在が大切になります。もし、あなたが本気で文章術を学び目標や夢を現実にしたいなら、僕が開講している、**【大人の文章力育成講座】**に来てください。

そこには、文章で世界を変えたい、人生を切り拓きたいと本気で思い、文章術を学ぶ有志がいます。そして、僕が全力であなたの文章術を鍛えます。

大人の文章講座（単発講座）

https://miraia.co.jp/page-5670/

大人のライティング力育成講座
（連続講座全４回）

https://r2t4t.hp.peraichi.com/?fbclid=IwAR1mgwVoWDku6j-xtAg1ojD2ThJJW1th7Fh28fGZSQXc5b9n2NFSjDEkk_c

それでは、あなたの文章力が進化を遂げて、あなたの夢がが願望が現実になることを願って、筆を置きたいと思います。

そうだ！　僕はYouTubeでも文章術を教えていますので、ぜひ、チャンネル登録してくださいね！

りょう社長のYouTube動画
「りょう社長のライティング大学」

https://www.youtube.com/@user-xz9yf4vg7c/videos

りょう社長のメルマガ登録サイト

https://24auto.biz/gocoo59/registp/entryform22.htm?fbclid=IwAR3m2CwsTw4WSJDgoNM0hqFXjJ5iPQvwbS6ho5rjLLaNNLtiT3J2mgJSCOE

謝辞

このたびはりょう社長の「人を動かす大人の文章術」の謝辞リターンにご支援いただきありがとうございます！

皆様のご支援あって出版することができました！

心より感謝を申し上げます！

高山雄太　様
杉田淳樹　様
木村香織　様
坂井駿哉　様
田中圭子　様
中本哲　様
千川広樹　様
平塚達也　様
尾崎桂子　様
角田淳　様
鈴木重史　様
上木孝司　様
喜多一嗣　様
西みゆき　様
株式会社ウエヤマ上山三義　様
金剛好子　様
青山弘志　様
善積順悟　様
緒方秀行　様
大きく造る　様

宮城恵子　様
波時恵　様
Tsukasa Apple Yoshida　様
大坂結唯　様
酒井理子　様
伊東浩史　様
池野弘　様
池野堅太　様
米田創　様
平野洋一　様
渕名康太　様
上原正也　様
清水敦子　様
内堀有子　様
齊藤知子　様
長野伸三　様
大久保喜世　様
國光洋志　様
坂東愛莉　様
堀井恋音　様

乳井　遼（にゅうい　りょう）

元地方銀行員として投資信託の販売などを通じて営業や社会人の基礎を積む。その後、元地方新聞記者（社会部）として1200人以上に取材、2000以上の記事を出稿。地域を紹介する雑誌記者として自治体から多数の依頼を受ける。大手セミナー会社でセールスコピーライターとしてクライアントの売上アップに貢献。ビジネス書の編集者として10冊をベストセラーに（現在は編集長）。ブックライターとして30冊以上の執筆を手掛ける。未来生活研究所代表取締役として多数のセミナーを企画。YouTuber（りょう社長のライティング大学）としても活躍中。

りょう社長のYouTube動画
「りょう社長のライティング大学」

https://www.youtube.com/@user-xz9yf4vg7c/videos

りょう社長のメルマガ登録サイト

https://24auto.biz/gocoo59/registp/entryform22.htm?fbclid=IwAR3m2CwsTw4WSJDgoNM0hqFXjJ5iPQvwbS6ho5rjLLaNNLtiT3J2mgJSCOE

人を動かす　大人の文章術

2024年4月30日　初版発行

著者　乳井 遼

発行者　中野 博
発行　未来生活研究所
東京都中央区銀座3-4-1　大倉別館5階
電話（出版部）　048-783-5831

発売　株式会社三省堂書店／創英社
東京都千代田区神田神保町1-1
電話　03-3291-2295

印刷　デジプロ
東京都千代田区神田神保町2-2
電話　03-3511-3001

表紙デザイン　株式会社花咲堂企画・薗 奈津子
イラスト　Naoko
編集担当　新田 茂樹

ISBN978-4-910037-13-4

未来生活研究所の本

書けば叶う魔法の習慣

著者／ASAKO

本書には、これからの時代を自分らしく最高に輝きながら、イキイキと毎日を送れるための【夢の描き方と叶え方】が詰まっています。

自分を見つめるたくさんの「ワーク」を用意しています。

自分の欲しいものがわかり、手に入ります。

今こそ、私と一緒に人生を変えてみませんか？

STEP 1　自分と「本気で」対話しよう
STEP 2　自分の理想とライフスタイル
STEP 3　輝く女性を創る「10のエッセンス」
STEP 4　自分のオリジナル「哲学」を持とう
STEP 5　「ヴィジョン・マップ」を完成させよう